江苏
高速公路智能建造实践

江苏省交通工程建设局 编著

人民交通出版社

北京

内 容 提 要

本书是江苏省交通工程建设局对多年来江苏省高速公路建设中智能建造发展情况的系统总结，从工程设计、现场施工到建设管理，多角度全方位阐述了智能建造技术的发展与应用。全书共9章，第1章总结了公路建设行业智能建造技术发展现状；第2章以江苏省高速公路建设需求为导向，提出了智能建造发展目标与场景框架；第3章至第7章，分别从数字设计、数字管理、高速公路智能建造技术、跨江大桥智能建造技术、过江盾构隧道智能建造技术等详细介绍了智能建造技术的原理、发展情况、主要功能、应用效果等；第8章依托典型工程项目，集中展示了智能建造技术在提高施工效率、降低成本和保障质量方面的应用实践；第9章对智能建造的未来发展趋势进行展望，并提出了相应的建议。

本书内容翔实，图文并茂，理论与实践相结合，具有较强的可读性、实用性，可为工程建设参与各方及相关研究者提供参考。

图书在版编目(CIP)数据

江苏高速公路智能建造实践／江苏省交通工程建设局编著. — 北京：人民交通出版社股份有限公司，2024.11. — ISBN 978-7-114-19986-8

Ⅰ.U412.36-39

中国国家版本馆 CIP 数据核字第 20241QZ910 号

Jiangsu Gaosu Gonglu Zhineng Jianzao Shijian

书　　名：	江苏高速公路智能建造实践
著 作 者：	江苏省交通工程建设局
责任编辑：	齐黄柏盈
责任校对：	龙　雪
责任印制：	刘高彤
出版发行：	人民交通出版社
地　　址：	(100011)北京市朝阳区安定门外外馆斜街3号
网　　址：	http://www.ccpcl.com.cn
销售电话：	(010)85285857
总 经 销：	人民交通出版社发行部
经　　销：	各地新华书店
印　　刷：	北京市密东印刷有限公司
开　　本：	787×1092　1/16
印　　张：	14.5
字　　数：	246千
版　　次：	2024年11月　第1版
印　　次：	2024年11月　第1次印刷
书　　号：	ISBN 978-7-114-19986-8
定　　价：	88.00元

(有印刷、装订质量问题的图书，由本社负责调换)

《江苏高速公路智能建造实践》
编写组

组　　长：周　进
副 组 长：张志祥　吴宇晟　刘　强
参与人员：潘卫育　袁振中　庄笑伟　张　慧
　　　　　唐建亚　顾春旺　高昌炎　明　珠
　　　　　宋营军　张韩帅
技术顾问：翁孟勇　周海涛　张劲泉　王　太
　　　　　蒋振雄　郑　超　霰建平

前言 PREFACE

一直以来，高速公路基础设施建设是支撑我国经济社会发展的重要领域，尤其是在当前国际形势下，高速公路建设已成为拉动内需、促进经济社会发展的强力支撑点。"十三五"以来，江苏省高速公路建设进入快速发展期，过江通道、高速公路新建和改扩建等大型工程陆续开工，工程管理与技术创新迎来了重要发展机遇期，也对高品质基础设施建设提出了更高的要求。

"十四五"时期，围绕交通强国建设、数字中国建设、新型基础设施建设等重大部署，全国高速公路建设的数字化转型发展取得了长足进步。以江苏省为例，江苏省交通工程建设局全面推进"数字交建"的建设工作，聚力打造"1739 + N"的数字化转型发展体系，深入推动全省高速公路高品质建设与数字化的融合发展。

智能建造是新时期高速公路建设数字化的重要方向，是交通运输行业融合迈向工业4.0的重要路径，是以交通基础设施建设加快发展新质生产力的重要体现，更是从根本上提高公路基础设施建设品质与效能的重要手段。"十三五"以来，在过江通道、高速公路新建和改扩建等大型工程建设需求下,江苏省高速公路建设坚持不懈地探索智能建造的技术创新与实践,在数字设计、混凝土预制构件、钢结构制造、智能监测等领域,历经7年探索,形成了智能建造相关技术成果,对提升江苏省高速公路建设品质与管理效能起到了关键支撑作用。

在全面总结多年来江苏省高速公路智能建造经验的基础上,经过客观、科学的分析,江苏省交通工程建设局组织编写了《江苏高速公路智能建造实践》,为后续江苏省高速公路智能建造技术创新与发展奠定基础,也为全国同行提供充分交流、参考借鉴的载体,以期共同推动提高我国高速公路智能建造技术发展水平。

编著者
2024年10月

目录 | CONTENTS

第1章　绪论　1
1.1　智能建造发展概述　3
1.2　高速公路智能建造发展概况　3

第2章　智能建造需求与目标框架　7
2.1　江苏高速公路建设规划　9
2.2　江苏智能建造需求与探索　9
2.3　智能建造发展目标解析　11
2.4　智能建造场景框架　13

第3章　数字设计　15
3.1　数字设计技术概况　17
3.2　数字设计与数字底座　18
3.3　数字勘察设计　20
3.4　高速公路正向设计　22
3.5　关键结构正向设计　26
3.6　数字设计管理　27

第 4 章 数字管理 33

- 4.1 数字管理概况 35
- 4.2 建筑信息模型（BIM）协同管理平台 38
- 4.3 质量数字管理 41
- 4.4 安全管理 44
- 4.5 数字"双碳"管理 47
- 4.6 数字交建聚合平台 49

第 5 章 高速公路智能建造技术 57

- 5.1 发展概况 59
- 5.2 路基智能建造技术 60
- 5.3 路面智能建造技术 65
- 5.4 水泥混凝土桥梁智能建造技术 73

第 6 章 跨江大桥智能建造技术 79

- 6.1 发展概况 81
- 6.2 沉井智能建造技术 82
- 6.3 节段梁智能建造技术 87
- 6.4 混凝土索塔智能建造技术 94
- 6.5 钢结构智能建造技术 100
- 6.6 缆索结构智能建造技术 106

第 7 章 过江盾构隧道智能建造技术 113

- 7.1 发展概况 115
- 7.2 明挖段智能建造技术 116
- 7.3 盾构管片智能建造技术 123
- 7.4 盾构机掘进智能监测技术 129
- 7.5 管片拼装与智能施工 135

第 8 章　实践案例　　　　　　　　　　　　　141

8.1　沪武高速公路扩建工程　　　143
8.2　海太长江隧道　　　　　　　157
8.3　张靖皋长江大桥　　　　　　169
8.4　常泰长江大桥　　　　　　　183
8.5　数字交建平台　　　　　　　193
8.6　重大智能建造装备　　　　　204

第 9 章　展望　　　　　　　　　　　　　　219

第 1 章
CHAPTER 01

绪论

1.1 智能建造发展概述

随着全球科技的飞速发展,智能化、信息化已成为推动各行各业转型升级的重要力量。在基础设施建设领域,尤其是高速公路这一国家经济命脉的建设中,智能建造技术的应用正逐步成为提升工程质量、加快施工进度、降低建设成本、增强安全环保性能的关键途径。

智能建造是指在建造过程中充分利用智能技术和相关技术,通过应用智能化系统,提高建造过程的智能化水平,减少对人的依赖,达到安全建造的目的,同时提高建筑的性价比和可靠性。智能建造的发展历程可以追溯到 20 世纪 70 年代末期计算机辅助设计(CAD)技术的出现,这标志着建筑行业开始进入数字化时代。随后,随着计算机集成制造系统(CIMS)、建筑信息模型(BIM)等的兴起,建筑行业逐步向信息化、集成化方向发展。进入 21 世纪,随着物联网、大数据、云计算、人工智能等技术的成熟,智能建造实现爆发式增长,特别是在交通基础设施建设中展现出巨大潜力。

智能建造涵盖建设工程的设计、生产和施工三个阶段,旨在借助物联网、大数据、BIM 等先进技术,实现全产业链数据集成,为全生命周期管理提供支持。智能建造是融合计算机应用技术、工程管理、机械自动化等发展而成的"工程建造+数字化、智能化、信息化"的新型高度融合型技术。

1.2 高速公路智能建造发展概况

21 世纪初,我国建筑业开始逐步推行智能建造技术。近年来,在新一轮科技革命和产业变革的背景下,智能建造技术在全球范围内得到了广泛关注和应用,特别是在公路基础设施领域。

党的十八大以来,全国公路固定资产投资累计超过 20 万亿元,新增公路里程约 112 万 km,建成了一批代表性的重大工程,公路基础设施建设在经济社会发展中发挥了重要的先行作用。公路基础设施建设体量巨大,技术难度高,在我国发展新质生产力的大背景下，其建造模式和生产力方式的转变成为当前发展的重要需求。智能建造已成为公路基础设施领域发展新质生产力的重要体现。

在公路基础设施建设中，智能建造广泛采用云计算、大数据、物联网、人工智能、BIM等新一代信息技术和自动化技术，实现工程建造过程中的工业化、数字化、智能化。其重点不仅在于基础设施的勘测设计和施工建造阶段，还通过数字化、智能化技术实现与基础设施全生命周期其他环节的数字交互和信息共享。智能建造在公路工程中构建了一个现代化建造体系，旨在提升工程质量、安全、工效，并促进公路交通的数字化、智能化、绿色化转型。

2020年，住房和城乡建设部等13个部门联合印发《关于推动智能建造与建筑工业化协同发展的指导意见》(建市〔2020〕60号)，明确提出推动智能建造与建筑工业化协同发展的目标和要求。2023年，交通运输部印发《关于推进公路数字化转型 加快智慧公路建设发展的意见》(交公路发〔2023〕131号)，推动公路勘察、设计、施工、验收交付等数字化，实现不同环节间数字化流转，促进基于数字化的勘察设计流程、施工建造方式和工程管理模式变革。系列政策文件的出台，标志着智能建造在公路交通领域的应用得到了国家层面的重视和支持。

随着我国经济社会的高速发展，土地、人口资源越来越稀缺，同时交通运输行业作为碳排放大户，低碳转型迫在眉睫。当前，我国公路建设正处于高速发展阶段，人口老龄化、劳动力短缺等开始制约行业发展。此外，实现节能、防污、生态保护与工程建设的统筹协调也是工程建设管理的重点。在品质方面，随着平安百年品质工程的深入推进，工程管理及质量、安全的本质提升成为行业共识。

在加快建设交通强国的新时期，亟须突破资源、环境等因素制约，解决基础设施绿色智能水平不高、关键技术装备创新能力不足、综合运输效率不强等突出问题，以新质生产力推动行业深刻变革。此外，新技术、新兴产业的成长需要大应用场景，交通运输行业具有社会共用性和底座性，具有重大科技应用场景牵引作用，与"战略性新兴产业和未来产业"有着天然联系。交通领域致力于发展新质生产力，打造发展新动能新优势，必将为中国式现代化建设提供更加坚实的支撑。

近年来，随着科技的进步和交通强国建设的深入推进，公路工程智能建造在国内得到快速发展。各省（自治区、直辖市）积极响应国家号召，加大投入，推动公路工程向智能化、信息化方向转型。智能建造技术的应用不仅提高了工程质量和效率，还降低了建设成本和资源消耗。

浙江省交通运输领域从2021年起开展智慧工地3年专项行动，以"数字化、智能化、智慧化"为目标，确保新开工高速公路和大型水运工程100%开展智慧工地建设，实现高速公路、大型水运工程、国省干线公路重要结构物质量和安全智慧化管理全覆盖。积极构建现代化工程建设质量管理体系，促进管理方式转型与管理能力提升，打造平安百年品质工程"最强大脑"。

广东省在粤港澳大湾区建设背景下，大力推进智慧公路建设。以5G通信、物联网、云计算等为代表的新一代信息技术得到广泛应用，公路交通的智能化水平显著提升。2024年通车的深中通道聚焦沉管钢壳智造，实现自密实混凝土和浇筑设备国产化，以"空中移动工厂"为理念，研制混凝土智能浇筑与振捣、智能养护、部品调位、自动爬升和实时监控于一体的智能筑塔机，形成智能建造设备研制成果。此外，广东省交通运输工程建设实现了覆盖生产全过程的智能化制造、可视化管理和信息化管控的目标，为打造全新的智能化高速公路改扩建工程提供了样本。

江西省人民政府办公厅于2021年印发《江西省"十四五"新型基础设施建设规划》，该规划指出，新型基础设施是以新发展理念为引领，以技术创新为驱动，以信息网络为基础，面向高质量发展需要，提供数字转型、智能升级、融合创新等服务的基础设施体系。为深入实施数字经济"一号工程"，充分发挥新型基础设施的基础性、战略性、先导性作用，推动全省高质量跨越式发展，江西省梨东、樟吉高速公路改扩建项目等对工业化智能建造、交通组织智慧管控、智慧检测监测及联动等场景进行了探索，搭建了省级高速公路建设质量监督管理云平台，为改扩建高速公路工程智慧工地发展提供了重要参考借鉴。

"十三五"以来，江苏高速公路建设进入了新一轮快速发展期，新建高速公路、改扩建高速公路和过江通道的建设规模体量巨大。为进一步提升高速公路建设管理水平，促进公路建设生产力要素发展转型，进一步提升公路基础设施品质与寿命，开展了大量智能建造研究与实践。在顶层规划方面，以"数字交建"为品牌理念，构建了服务各类基础设施建设与管理的中台；在技术实践方面，针对关键的路基路面、水泥混凝土桥梁、跨江大桥、过江隧道等,围绕数字设计、建造工序与工艺等,开展了数字模型、重大建造装备、感知监测技术、大数据分析等智能建造实践工作;在建养协同方面,以"苏式交建"和"苏式养护"为主要协同路径,探索了围绕数字交付的建养协同体系的建设工作,全面支撑江苏高速公路建管养运体系的建设。

本书充分结合江苏高速公路建设需求,在分析智能建造内涵与目标的基础上,介绍了近年来江苏高速公路智能建造实践成果,以期为广大同行提供参考借鉴。

第 2 章
CHAPTER 02

智能建造需求与目标框架

2.1 江苏高速公路建设规划

一直以来,江苏省高速公路基础设施建设与运维水平处在全国前列,相关建设技术与管理经验为全国同行提供了重要参考和借鉴。自"十三五"以来,高速公路与过江通道建设成为江苏省高速公路网建设中的重点,一批世界级过江通道和高速公路改扩建项目开工,掀起了江苏省高速公路建设的又一个高潮。在全面推进基础设施建设高质量发展的过程中,江苏省高速公路建设也面临着新时期的发展要求与挑战。

《长江干线过江通道布局规划(2020—2035年)》提到,到2035年,规划布局长江干线过江通道276座,其中,四川省45座、重庆市75座、湖北省69座、安徽省32座、江苏省41座、上海市3座、滇川界1座、鄂湘界2座、鄂赣界6座、赣皖界2座。在江苏省规划的41座过江通道中,必将诞生更多的世界级桥隧工程,这无疑为重要结构智能建造技术发展提供了重要的机遇和挑战。

在《江苏省高速公路网规划(2017—2035年)》中,新建高速公路作为江苏省公路网加密的重要形式,规划建设里程为1230km。大量高速公路的建设,为相关结构物的智能建造提供了重要和广阔的平台。同时,近年来江苏省陆续启动了一批主通道的改扩建项目,如京沪高速公路沂淮江段、长深高速公路连云港至淮安段、沪武高速公路太仓至常州段、沪陕高速公路平潮至广陵段、锡宜高速公路雪堰枢纽至西坞枢纽段以及扬溧高速公路镇江南互通至丹徒枢纽段等,规划改扩建高速公路里程达到1075km,将进一步激发江苏交通发展的新潜能,为智能建造的发展提供重要舞台。

2.2 江苏智能建造需求与探索

当前,智能建造是高速公路基础设施建设行业的重点发展领域,也是行业广大从业者对于提升高速公路建造生产效能的共识。自"十三五"以来,江苏省交通工程建设者以工程建设管理为驱动,围绕建设管理效能与建设品质提升的核心需求,不断尝试建设管理的数字化转型发展,主要体现在以下几个方面:

（1）统筹智能建造顶层，构建数据驱动的智能建造底座

围绕高速公路建设相关工序提质增效的需求，江苏省自2012年开始陆续开展了沥青拌和站、软基监测、安全管理、计量支付等单项的信息化建设工作，对推动工程建设管理和提升质量安全管控效能起到了关键的作用。之后，交通行业信息化进入了快速发展通道，围绕工程建设高效管理和质量提升，陆续出现了大量的信息化管理工具，而大量的信息化平台和海量的数据给项目管理带来了巨大的集成与协同挑战。在《江苏数字交通发展三年行动计划（2022—2024年）》的指导下，打造"数字交建"的智能建造数字底座，以期进一步提升江苏高速公路建设管理数字化发展水平。

（2）创新数字设计模式，构建建管养运的智能建造模型

随着BIM技术的发展和应用，其在高速公路建设行业的应用也取得了长足的进步。江苏省高速公路从复杂结构桥梁开始不断探索BIM在施工控制中的应用，但与行业大体的发展现状一样，"一模到底"的全生命周期BIM应用仍然是建管养运协同的重要技术瓶颈。江苏省自2020年开始探索全生命周期的数字设计模式，率先在过江通道上，以跨江大桥和过江隧道的重点结构构件为对象，探索实践了正向设计模式，并在工业化建造与养护运营中探索了"一模到底"的应用场景与技术路径。为进一步提升江苏高速公路正向设计水平，构建全生命周期可用的智能建造模型，以省级数字设计管理中心为载体，依托连宿高速公路等重点项目逐步探索实践并创新数字设计模式，从模型底层为智能建造的发展提供了重要发展基础与载体。

（3）构建垂直管理机制，强化建管业务的智能建造中台

从省级高速公路建设管理来看，高效协同的管理机制是管理数字化转型的核心目标。近年来，随着工程建设项目智慧工地技术的发展，智慧工地作为工程建设项目管理的重要工具已成为各大项目的标配，但是工程建设项目管理的计量支付、质量管理、模型应用、安全管理等核心要素，在建设过程中不可避免地会出现大量差异化之处，对省级高速公路建设管理单位而言，垂直纵向管理难度极大。为进一步均衡并协同各建设项目的要求，需要从建管业务的核心要素出发，构建垂直管理机制，并搭建智能建造的数据中台，统筹数据管理工作。

（4）发展工业建造模式，提升预制构件的智能建造效能

工业化是智能建造发展的主要形态之一。对于高速公路建设发展来说，桥梁、隧道等

重要结构物经过多年发展,构件设计已呈现标准化模式,这也为工业化建造奠定了基础,大量预制构件亟须通过工业化的建造模式来显著提升生产效能。近年来,包括江苏在内的各省(自治区、直辖市)高速公路建设项目,都在大力发展预制构件的工业化生产模式,尤其是混凝土上部结构。对江苏而言,结合高速公路发展规划,过江通道的建设对工业化建造的需求尤为迫切,如节段梁、钢沉井、钢梁、盾构管片等,而这类构件对工业化建造水平的要求更高,因此,亟须探索系统化的工业化建造模式来提升智能建造的生产效能,进一步支撑常泰长江大桥、龙潭长江大桥、张靖皋长江大桥、江阴靖江长江隧道、海太长江隧道等重点工程的建设与管理。

(5) 探索国产装备制造,发掘数字施工的智能建造潜能

高速公路智能建造工业化与智能化发展离不开重大装备的制造与创新。高速公路路基路面摊铺压实、桥梁构件预制、长大桥梁下部建造、盾构掘进等关键工艺对制造装备的依赖性显著,尤其是国产化重大工程机械与装备。近年来,随着工业制造的发展,以中交天和机械设备制造有限公司、徐州工程机械集团有限公司、三一重工股份有限公司等为代表的工程机械企业,大力发展国产化重大装备的创新制造,为高速公路智能建造的场景应用与技术发展提供了重大技术支撑,也逐步形成了以数字化施工和机械化制造为主的智能建造能力。但是,面对江苏现阶段与未来的重要基础设施的建设需求,仍需围绕核心关键工艺,鼓励国产化装备制造发展。江苏省高速公路结合工程建设项目的需求,也逐步探索了沥青路面无人施工、一体化架桥机、万吨级塔式起重机、国产化盾构机等装备的应用,进一步发掘数字施工的智能建造潜能。

2.3 智能建造发展目标解析

对于智能建造,不同专家学者和机构都有不同的理解和诠释,目前还没有一致的定义。总结来看,智能建造的核心是在工业化建造和数字化建造的基础上,通过信息技术与建造技术的深度融合,结合先进的精益建造理论方法,实现工程项目的成功交付。

基于此,本书提出江苏省高速公路智能建造的总体目标:高速公路智能建造是面向高速公路、大型桥梁、隧道等重要交通基础设施,在建造全生命周期阶段,充分利用互联网、

物联网、数字孪生、智能控制等新一代信息技术,提升建造全过程工业化、数字化、网络化和工业化水平,减少对人的依赖,达到安全、高质量、经济、环保、高效的建造目的。

实际上,智能建造是一个不断探索、积累、发展的过程。借鉴"工业 4.0"的概念与发展技术路径,智能建造也需要结合不同场景下的应用,建立一种高度灵活的个性化和数字化的产品与服务的生产模式,重点强调信息化、智能化与工业化的深入融合。针对江苏省高速公路基础设施建设特征与发展水平,本书初步提出了不同项目可以选择的智能建造发展阶段目标,以契合项目重难点、投资规模、管理要求等需要。智能建造发展目标可分为 1.0~4.0 四个等级。

(1)智能建造 1.0(L1)

智能建造 1.0 的主要含义是采用物联网、互联网等信息化技术,实现对高速公路建设过程中项目资料流转、质量安全监管、环保监测等场景的数字化,实现对管理要素数据的采集与简单分析。智能建造 1.0 主要体现为单点式、场景化的智慧工地平台应用。

(2)智能建造 2.0(L2)

智能建造 2.0 的主要含义是广泛采用物联网、互联网、5G、人工智能(AI)、BIM 等信息化技术实现对高速公路建设项目管理全过程、全要素的数字管理,实现孪生式、集成式的数字管理架构,实现全要素数据的协同与数字孪生。智能建造 2.0 主要体现为协同式BIM 智慧工地平台的应用。

(3)智能建造 3.0(L3)

智能建造 3.0 的主要含义是广泛采用人工智能、工业物联网、北斗卫星导航系统、5G、智能控制等信息化技术,初步实现数字化与工业化的融合应用,关键工序实现工业化智能制造,与 BIM 智慧工地深度协同。智能建造 3.0 主要体现为 BIM 智慧工地平台与工厂化智能制造的深度融合,实现工序智能化、自动化、少人化,实现工点化向工厂化的转变。

(4)智能建造 4.0(L4)

智能建造 4.0 的主要含义是全面深度应用人工智能、工业物联网、北斗卫星导航系统、5G、AI、机器人、智能控制、工业级芯片等信息化与智能化技术,全面实现数字化与工业化的融合应用,全部工序实现工业化智能制造,并与数字设计、BIM 智慧工地深度融合。

智能建造4.0主要体现为高速公路设施全领域、全过程、全要素的工业化制造,全面实现全要素的数字化、无人化、自动化。

2.4 智能建造场景框架

智能建造模式是公路交通基础设施数字化转型和打造品质工程的模式创新和技术突破。其以数字设计和打造数字基础设施为基础,运用现代信息技术手段实现工程建造中人、机器和资源环境的实时联通、相互识别和有效交流,通过大数据处理平台建立各类标准化的应用服务,实现服务共享和协同运作,进而实现安全、高效和绿色的高质量工程建造。从产业维度讲,智能建造技术涵盖公路交通、市政交通、房建工程等所有基础设施,覆盖从勘察设计到运营维护的全生命周期,融合建筑、土木、材料、机械及信息等多专业。

目前,交通工程建设行业对智能建造技术体系的理解和研究思路并不完全统一。经过不断探索、总结和吸收,根据交通基础设施的建设特点,建立了三层结构体系,分别为基础层、应用基础层和应用层,其中基础层为以信息技术、人工智能为代表的基础科学,应用基础层为多学科交叉融合的工程行业共性技术,应用层为工程全产业链智能化技术应用与实施。

在基础层中,有八大共性技术,即空间信息、云计算、大数据、人工智能、无线通信、物联网、传感器和新材料。在应用基础层中,有与交通基础设施息息相关的八个方面,即建筑信息模型(BIM)、工程增材制造[三维图形(3D)打印]、模块化标准化结构体系、工程大数据、工程物联网、工程新材料、工程智能检测与监测、智能机器人及自动化装备。

在交通基础设施全生命周期的五个阶段,需要融合采用应用基础层的不同技术,在桥梁、隧道、路基路面等不同结构、不同环境下和采用不同材料,最终实现真正的智能建造。依托智能建造的结构体系,江苏省按照总体高速公路建设场景和规划,制定了江苏高速公路智能建造实践场景,如图2-1所示。

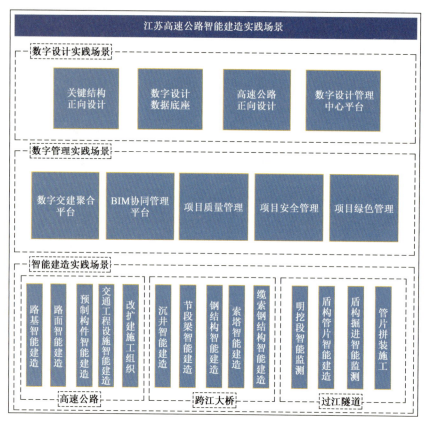

图 2-1　江苏高速公路智能建造实践场景框架

第 3 章
CHAPTER 03

数字设计

3.1 数字设计技术概况

3.1.1 发展现状

数字设计是高速公路智能建造的重要组成部分,是从工程建设源头上引领数字化建设,促进数字化转型。数字设计管理的主要目标是规范数字设计管理,提高数字设计质量水平,促进数字设计在项目建设全过程中的应用。

为深入贯彻落实党中央、国务院关于建设网络强国、数字中国、智慧社会的战略部署,广东、上海等地均开展了针对数字设计的研究,形成了设计 BIM 应用标准、设计数字化交付标准、模型编码标准、BIM 综合管理平台等成果,并在大量项目中进行了实践,部分项目实施过程中也采用了单独委托数字化全过程咨询单位模式,对项目全过程数字设计、数字建设、数字养护、智慧运营进行统筹策划。

数字设计已逐渐成为交通运输行业主要竞争力乃至未来发展最重要的核心驱动。基于数字设计管理平台的推广应用,在交通运输行业标准《公路工程信息模型应用统一标准》(JTG/T 2420—2021)的基础上,逐渐形成地方数字设计交付指南乃至标准,基于平台的开发、使用,对数字设计成果进行接收、审核与传递,推进数字设计成果面向施工阶段交付,形成标准化施工模型,为养护检测等提供基础数据支撑,推动交通工程全阶段、全要素数字化。

江苏省也积极响应国家政策,紧跟时代发展潮流,如江苏省交通运输厅已经印发一系列行动计划,加强关键数字技术攻关,推动数字科技创新成果在公路产业中的转化和应用。未来,随着技术的不断进步和应用场景的不断拓展,江苏省的公路数字设计技术将会迎来更加广阔的发展前景。

3.1.2 存在局限

虽然数字设计已取得较多成果,但依旧存在众多困扰发展的局限性问题,主要包括:
①数字设计内涵不明,设计流程尚未统一,限制了数字设计价值的发挥。数字设计是

数字交建的基础和龙头,而现阶段针对高速公路数字设计的做法并不统一,现有行业标准主要对数字设计成果进行了规定,并不能直接指导项目的实施,由此造成各实施单位按照自己的理解进行设计,各审查管理单位也没有审查的准绳,整个实施过程标准不一,大多数无法发挥数字设计的价值。

②大量设计阶段的数字成果无人接收,不能进行集约化的资源管理。现阶段纸质的设计成果已有成熟的审核、咨询、接收和分发流程,而数字设计的成果主要采用U盘、光盘或者网络传输等方式进行点对点的交付,由于接收单位也不知道后续应该如何处理该成果,往往直接让设计单位将成果交给施工单位或者建设管理系统的开发单位,缺乏对这些设计数据资源进行统筹管理。

③数字设计成果的内容、深度、审核、交付流程都没有统一标准,导致接收单位无法接收和验收。现阶段虽然行业标准有对各模型编码规则以及信息深度的规定,但实际操作中存在较大困难,各单位出于效率和效益两方面的原因并没有严格执行,而且行业标准中并未对审核、交付的流程进行规定,造成接收单位无法直接以行业标准作为接收和验收的依据。

④设计、施工、养护重复建模,不能保证数据的准确性,也不能实现数据的共享。因为工程各阶段的参与方对于模型的需求不一致、建模的软件不一致、管理的维度不一致,造成各阶段宁可重复建模也不愿意利用上一阶段成果的现象,而这种做法将无法利用上一阶段的数据及成果,且重复输入数据的准确性也无法保证。

3.2 数字设计与数字底座

在行业数字交通、智慧公路、数字设计等相关政策指导下,面向公路基础设施全生命周期数字化要求,以数字底座为核心,开展围绕数字化目标的底座内涵、系统架构关键技术和应用场景研究,提出公路基础设施数字化内涵定义与边界范围、数字底座数据仓储、数据精度传递规则标准、主要公路基础设施的应用场景技术案例等,并建立相关技术指南,支撑公路行业数字化转型标准制定与工程应用。

国内公路的数字设计与数字底座案例丰富多样,充分展示了数字化技术在公路设计与建设中的广泛应用和深远影响。如数字设计方面,在成渝高速公路改扩建和渝遂高速公路改扩建项目中,通过倾斜摄影方法建立了全线三维实景模型,并利用 BIM 技术建立了路线、路基路面、桥梁、隧道等参数化模型,实现了方案的快速迭代优化。同时,采用 BIM 融合实景模型方法,对路基加宽和老旧互通改扩建与周边建筑物的空间关系进行了深入分析,从而优化了方案布置。数字底座工作不可缺失,北京晶众智慧交通科技股份有限公司发布的基于高精度地图的数字底座成为国内焦点。该数字底座通过建立统一坐标系的时空数据库,融合多种数据资源,形成了智慧公路的"一张图"管理。这种管理方式有助于提升交通信息的准确性和时效性,进而优化交通流程,提高公路运营效率。

  江苏省公路工程在数字设计与数字底座方面的应用也取得了显著成果。江苏省依托"公路基础设施数字底座架构关键技术研究与场景应用示范"科研项目为江苏谋划打造数字设计底座。根据项目定位与目标,主要围绕顶层数字设计、数字底座数据采集规范、技术架构、场景应用技术、标准编制等方面进行研究,研究内容包括公路基础设施数字化内涵与数字底座架构体系、公路基础设施数字底座系统元数据规则标准、公路基础设施数字底座操作系统架构技术、面向建养一体的交通工程数字底座应用方法与场景养护、公路基础设施数字底座标准规范体系。

  在数字设计应用上,江苏建兴高速公路项目采用了 BIM 技术进行数字设计,通过构建公路的三维数字模型,实现了设计方案的虚拟仿真和可视化分析,不仅提高了设计的准确性和效率,还为后续的施工和养护提供了精确的数据支持。在数字底座应用上,江苏交通控股有限公司主持落地的"江苏省软件定义广域网(SD-WAN)组网建设项目"成功入选"2020 年智慧江苏重点工程"和"标志性工程"。该项目建成了全国交通行业地理范围跨度最广、终端数量最多,且完全自主可控、使用最新一代互联网技术的新基建网络,实现了云与端的实时数据交换,加速了云网融合,提升了网络资源利用率,降低了运维管理难度等,为江苏省高速公路路况信息管理、车辆调度、服务响应等业务决策提供了数字化支持。江苏省还积极探索数字设计与数字底座的深度融合,通过数字底座获取实时的地质、气象等数据,用于优化设计方案,提高设计的针对性和实效性。同时,数字底座还可为施工过程中的质量监控和进度管理提供有力支持,确保项目的顺利进行。

3.3 数字勘察设计

勘察数字化通过利用数字化技术对传统勘察行业进行深度改造和升级,旨在通过前沿的数字化手段优化传统业务模式和流程体系,以提高勘察作业的效率、准确性和可持续发展性。勘察数字化的核心在于数据,通过对勘察过程中产生的大量数据进行综合、多维分析、整合和运用,可以构建工程项目的数字化模型,为勘察决策提供科学依据。

在勘察数字化转型的具体实践中,许多企业已经开始采用数字化技术来改造传统勘察作业流程。例如,利用无人机进行航拍测绘、利用三维激光扫描技术进行地形地貌测量、利用BIM技术进行工程设计分析等。这些数字化技术的应用不仅提高了勘察作业的效率和质量,还为工程建设提供了更加全面和准确的基础数据支持。

勘察数字化关键技术是指利用无人机航拍、三维激光扫描等智能设备,实现勘察现场数据的快速采集和传输,这些数据可以实时传输至云端或数据中心进行处理和分析,为数字化勘察提供基础数据。然后,将处理后的数据转化为三维模型展示勘察成果,通过BIM技术实现多专业协同设计,提高设计效率和质量。最后,对地质数据进行挖掘和分析,预测地质条件,对勘察图像进行识别和分类,提取关键信息。

(1)无人机倾斜摄影(图3-1)

图3-1 无人机倾斜摄影采集

通过搭载多台相机(通常为5台,包括下视、前视、后视、左视和右视相机),从垂直和倾斜5个不同角度同步采集影像数据。这些影像数据经过处理,可以生成具有真实感的三维模型。倾斜摄影技术生成的三维模型能够准确反映地面目标的实际情况,为勘察提供更加直观和准确的信息。相比传统勘察方法,无人机航拍与倾斜摄影技术成本更低,特别是对复杂地形和人工难以到达的区域,更能体现其经济优势。

(2)三维激光雷达(LiDAR)扫描(图3-2)

图3-2 三维激光 LiDAR 扫描

三维激光 LiDAR 扫描技术是一种基于激光测距和角度测量原理的测量方法,它通过向目标物体发射激光束,并接收从目标物体反射回来的激光束,计算激光束往返的时间和角度,从而获取目标物体的空间坐标信息。利用三维激光扫描仪对勘察对象进行扫描,获取其高精度的三维点云数据,这些数据可用于构建三维模型,进行地形地貌分析。

激光 LiDAR 点云技术能够实现毫米级别的测量精度,对于需要高精度数据的勘察工作具有重要意义,可以为后续地质分析和工程设计提供可靠依据。同时,激光点云技术采用非接触式测量方式,不会对目标物体(如文物、古建筑等)造成损伤或破坏,同时也便于对危险环境(如高空、深坑等)进行测量。相比传统勘察方法,激光点云能够获取目标物体的全面详细的三维信息,不仅包括物体的几何形状和尺寸,还包括物体的表面纹理和颜色等特征,获取的数据可以方便地与其他勘察数据(如地质勘察数据、环境监测数据等)进行集成和分析,兼容性好。

(3)智能识别与机器学习

在地质勘察中,智能识别技术可以应用于遥感影像和地质图像的识别。通过对图像进行自动处理和分析,可以识别出地层、岩性、构造等地质特征,为地质勘察提供重要信

息。例如,利用深度学习算法对遥感影像进行训练,可以实现对地表覆盖类型的自动分类,如水体、植被、建筑物等,从而辅助地质勘察人员进行地形地貌的分析。

在工程勘察中,智能识别技术还可以用于识别施工现场的物体,如管道、电缆、桩基等。通过摄像头或无人机等设备采集的图像数据,结合机器学习算法,可以实现对施工现场物体的自动识别和定位,提高勘察的精度和效率。

机器学习技术擅长处理和分析大量数据,可以应用于勘察数据的深度挖掘和分析。通过对历史勘察数据的学习和训练,机器学习模型可以预测未来的地质条件、施工难度等关键指标,为勘察决策提供科学依据。

3.4 高速公路正向设计

传统的高速公路设计成果为纸质图纸,主要由总设计说明、总图、结构设计图、附属设计图等组成,各图纸通过构件的平面、立面、剖面图,最终组合形成完整成果,对整个结构作出解释。

传统的高速公路设计,是一个将工程进行归类分解,然后对每类结构分别说明设计意图的过程,最终形成图纸并完整汇总后才能表达工程结构。设计单位交付的图纸实际是各个构件的设计思路,每张图纸都只表达了设计成果的一部分,比如桥梁专业中的一般构造图仅仅表达混凝土结构的一般构造,其中并不体现统一位置的预应力、钢筋、附属结构等。

由于设计数据传递主要依赖计算机辅助设计(CAD)图纸、Word/Excel 文本文件,不仅设计效率低,且大量工作被改图占用,设计人员返工多、错误多。

当前,高速公路设计开始逐步采用自上而下的正向设计形式,通过采用参数化、模块化设计,增加各模块配置性、互换性、数据间的逻辑关联性,以及采用配置化手段提高设计效率与正确率。如在高速公路项目的初步设计阶段,设计团队首先会进行详细的现场勘察和数据收集工作。利用先进的测量技术和设备,对地形、地貌、地质条件等进行全面分析,为后续的设计提供准确的数据支持。方案设计阶段考虑交通流量、车辆类型、行车速度等因素,对高速公路的线形、纵坡、横断面等进行优化设计,并利用 BIM 技术进行三维建模和模拟分析，确保设计方案符合实际需求，具备较高的安全性和舒适性。在关键构件的设计上，利用先进的结构分析和计算方法，对桥梁、隧道、互通立交等关键部位进行精细化设计。

BIM正向设计是整个建筑设计过程的流程再造与优化升级。它不仅是通过BIM软件建立BIM模型进行设计、出图，更关键的在于多专业的协同设计、互提资料、校对、审核、交付、归档、变更，乃至设计过程中的讨论、汇报，施工配合阶段的交底、工地巡场等全流程生产方式的切换。只有将BIM模型、BIM软件作为日常设计、交流的工具，才能形成可持续发展的生产力。

BIM正向设计要求直接应用BIM技术、BIM模型进行设计，而各专业的传统设计流程中，应将已有成熟的专业设计软件与设计流程切换为BIM正向设计流程，这就需要将BIM技术与专业设计软件相结合，才能实现真正的"正向"流程。

江苏多个高速公路项目的正向设计案例充分展示了正向设计在高速公路建设中的创新应用与显著成果。通过采用先进的设计理念和技术手段，实现对高速公路的全面优化和精细化设计，提高设计质量和效率，为高速公路的安全、稳定、高效运行提供有力保障。例如，连宿高速公路项目是江苏首个系统化正向设计的高速公路项目，在设计阶段就实现全线、全专业的数字化协同设计、复杂结构物的正向设计。同时，数字成果也可服务于全线数字高速公路全过程的应用。

作为数字高速公路应用项目，连宿高速公路充分基于"全专业数字设计""全流程数字管理""全过程数字应用"的"三全目标"，旨在打通数字高速公路相关技术瓶颈，形成标准化成果与流程，为行业数字化转型树立标杆。其主要特色表现在以下几个方面：

（1）全专业数字设计

使用专业BIM软件，对全线进行了参数化设计，加快建模速度和精度，形成全线方案可视化模型，用于设计方案的讨论，有效提高了设计质量和讨论效率。数字设计方法及目标如图3-3所示。

（2）全流程数字管理

基于地理信息系统（GIS）平台开发了全流程数字设计管理平台，实现各专业、各流程的数据管理以及模型操作，将数字设计成果与数字设计管理相融合，为后期过程管理文件的交付奠定基础。协同设计管理平台如图3-4所示。

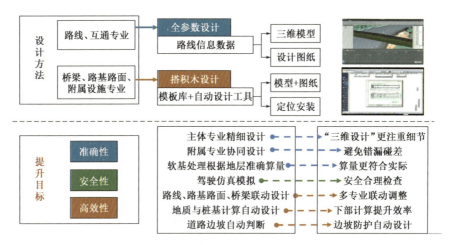

图 3-3 数字设计方法及目标

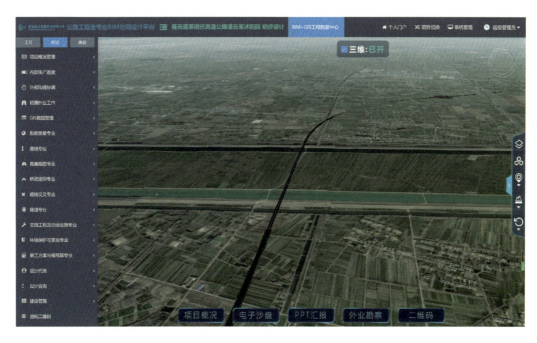

图 3-4 协同设计管理平台

(3) 全过程数字交付和传递

全过程数字交付和传递,目的是满足"一模到底、一模多用"的要求,实现项目数据跨阶段的流动。数字设计提交的内容主要包括各专业数字化模型、属性信息表、工程图纸以及流程管理文件,实现了数字设计成果以远程网络的形式进行交付和访问。数字设计交付内容如图 3-5 所示。

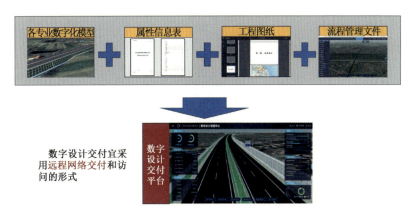

图 3-5　数字设计交付内容

在连宿高速公路正向设计过程中,各专业人员在 BIM 设计架构上实现设计工作的三维协同,面向 BIM 数字设计,搭建融合设计、建造、交付和运营于一体的数字底座。通过正向设计的应用,连宿高速公路项目在设计阶段就实现了较高的设计质量和效率,保证了项目施工的顺利进行,未出现大的设计变更或返工现象。高速公路建成后,其流畅的线形、稳定的性能和优美的景观得到了广泛好评,有效提升了江苏地区的交通运输效率和质量。连宿高速公路正向设计流程如图 3-6 所示。

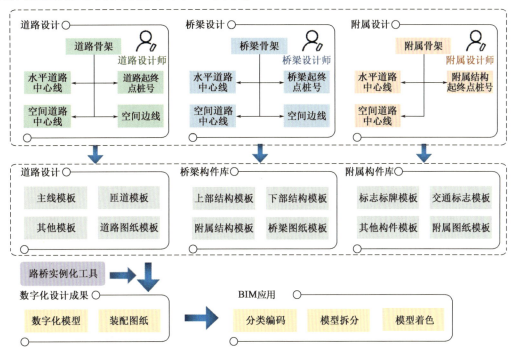

图 3-6　连宿高速公路正向设计流程

3.5 关键结构正向设计

聚焦过江通道桥隧结构特殊性和复杂性,以"一模到底、一模多用"模式推进关键结构正向设计,主要包括大桥主塔、钢结构主梁、沉井、管片等,对于部分预制结构,在生产与安装环节实现 BIM 模型的导入;与智能建造工艺环节紧密结合,实现与 BIM 协同管理平台的模型对接,以及施工参数的模型单元映射。

国内已有较多聚焦过江通道桥隧的关键结构正向设计,如武汉鹦鹉洲长江大桥,其设计和建设需要考虑多种因素,包括环境、交通和结构等。鹦鹉洲长江大桥的关键结构不仅承受着大桥自身的重量,还需要应对车辆和行人荷载,以及风、雨等自然因素的影响。因此,其设计需要精确计算,以确保结构的合理性和稳定性。在鹦鹉洲长江大桥的设计过程中,设计团队利用 BIM 技术建立了大桥的三维数字模型,对关键结构进行了详细的模拟和分析。通过不断调整和优化模型参数,设计师们确定了最佳的结构尺寸、材料和连接方式。大桥在建成后表现出良好的稳定性和承载能力,有效缓解了武汉的过江交通压力。

当前,江苏在建跨江通道(常泰长江大桥、张靖皋长江大桥、龙潭长江大桥等)在设计阶段,都会考虑桥梁的整体布局和交通流量,确定合理的桥梁跨径和结构形式。设计师会针对大桥的所有关键构件进行详细的力学分析和计算,确定其尺寸、材料和连接方式。同时,还会考虑构件的耐久性、抗风、抗震等性能要求,以确保桥梁在长期使用过程中的安全性和稳定性。跨江通道从初步设计阶段开始采用 BIM 技术对关键结构(沉井、桥塔、桥墩、主梁、管片)进行全程正向设计,利用 BIM 技术、有限元分析等虚拟仿真和试验验证,不断完善设计方案,提高构件的性能和质量,并根据工程进展添加和更新模型,确保模型信息不断趋于完善,由此保证跨江通道的关键结构从设计初始即做到建模、结构、景观、计算、数量、出图一体化;从头至尾使用同一 BIM 模型,保证设计全生命周期的工作完整性、一致性、正确性。正向设计还强调设计与施工、养护等后续阶段的衔接,避免后续阶段出现不必要的问题和变更。张靖皋长江大桥索鞍结构正向设计、常泰长江大桥沉井正向设计、常泰长江大桥主塔正向设计分别如图3-7~图3-9所示。

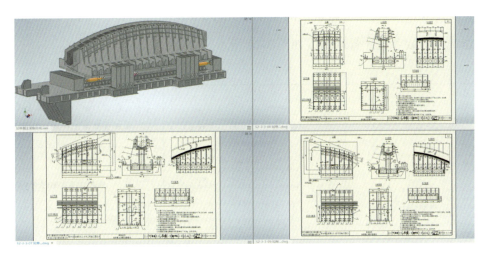

图 3-7 张靖皋长江大桥索鞍结构正向设计

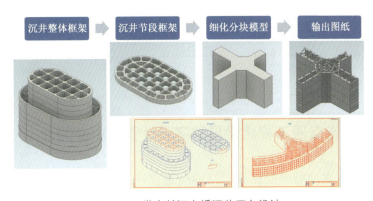

图 3-8 常泰长江大桥沉井正向设计

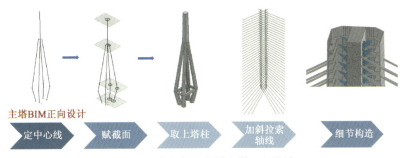

图 3-9 常泰长江大桥主塔正向设计

3.6 数字设计管理

以管理办法和管理工作流程全方位规范数字设计全流程,以涵盖高速公路全专业的数字设计交付指南规范数字设计交付成果,并依据江苏省交通工程建设局在建项目编制出台数字设计规范指南，建立路、桥、隧基本单元库，实现不同项目、不同阶段的数字设计管理工作统一。数字设计管理制度如图3-10所示。

图 3-10　数字设计管理制度

3.6.1　江苏省交通工程建设局数字设计管理中心简介

江苏省交通工程建设局根据江苏省交通运输厅印发的《江苏数字交通发展三年行动计划（2022—2024年）》有关要求，以及《江苏省交通工程建设局〈江苏数字交通发展三年行动计划（2022—2024年）〉实施方案》中提出的"数字交建"总体发展目标和数字资产交付体系建设计划，为推动工程项目数字设计，完善"数字交建"体系，规范数字设计交付成果，促进数字设计成果在工程项目全专业、全流程、全过程的应用，于2023年9月7日发文成立"江苏省交通工程建设局数字设计管理中心"。

为更好地推进江苏省高速公路智能建造的技术发展，从源头引领数字工程的建设，规范数字设计、智能建造与数字交付的统一与融合，促进设计水平的大幅提升，江苏省交通工程建设局成立了全省高速公路数字设计管理中心。数字设计管理中心既是设计数据集中管理的平台，更是各阶段获取设计数据的重要渠道，更是承上启下的重要纽带，能够促进数字设计成果在工程项目全专业、全流程、全过程应用。

3.6.2 建设数字设计管理平台的作用与意义

基于数字设计管理平台的推广应用,在交通运输部相关行业标准的基础上,逐渐形成地方数字设计交付指南及标准,以及通过平台的开发、使用,对数字设计成果进行接收、审核、传递,推进数字设计成果面向施工阶段交付,形成标准化施工模型,为养护检测等提供基础数据支撑,推动交通工程全阶段、全要素数字化。

数字设计管理平台有助于从更广的渠道获取大量的设计数字化成果。对成果的整理和归纳,一方面有助于自身设计数字化成果的提升,另一方面可以从成果中挖掘信息价值,让数据更有意义,并可以扩展成果运用范围、场景,有助于先一步掌握数据主动权,提高服务效率和水平。数字设计管理平台的建设,具有以下重要意义:

一是健全江苏省交通工程数字建设体系,填补设计模块管理的短板,从源头引领工程数字建设,提升江苏省高速公路建设管理数字化整体水平。开创性地打造了江苏省首个系统化 BIM 正向设计的高速公路,为全省高速公路数字设计推广应用和智慧高速公路建设奠定了坚实基础,极大地提升了江苏高速公路建设管理数字化水平。以数字设计为基础,着力打造"设计数字化、施工标准化、预制工厂化、建造智能化、管理现代化"的江苏高速公路"苏式交建"新品牌。

二是构建江苏省交通工程建设局管理工程项目数字设计成果向工程建造和运营养护的有效传递,实现工程项目全专业、全流程、全过程数字化应用。数字设计管理平台覆盖江苏省交通工程建设局所有项目,实现各项目所有设计相关流程、过程数据管理,最终形成数字设计交付指南、交付标准、交付平台等技术性文件,让设计成果有一个集中交付、管理、分发的平台,实现设计数字成果资源的集约化管理。

三是实现设计数据集中管理,为将来大数据分析、人工智能分析提供基础数据支撑,也为工程建设管理设计数据的获取提供重要渠道,数字设计管理中心将会促进数字设计成果在全过程的应用。

四是促进高速公路设计行业进行设计方法、设计手段改革。成立数字设计管理中心,能让设计单位认识到行业对数字设计的重视,有助于促进高速公路设计单位主动应用数字设计的手段和方法,将会成为江苏省设计单位数字化转型的重要推手。

3.6.3 数字设计管理平台框架与功能

数字设计管理平台以 GIS 引擎为底座，可以灵活地进行二次开发和订制，具有强大的地理空间可视化能力，使用户可以更直观、形象地了解三维工程信息。数字设计管理平台兼容支持多种主流工程建模软件，通过格式转换插件对模型文件进行标准化管理，基于同一 GIS 底图进行展示归档，实现了多专业同屏浏览、同步操作的协同目标。数字设计管理平台框架如图 3-11 所示。

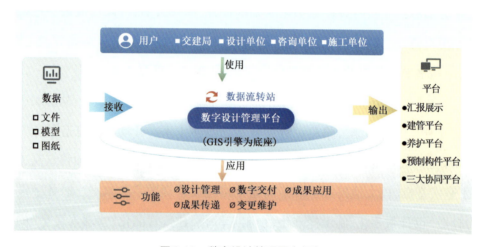

图 3-11 数字设计管理平台框架

数字设计管理平台作为高速公路工程项目的数字成果管理汇聚平台，具备基本资料信息管理、设计过程管理、成果交付数字化、成果应用数字化、成果传递数字化、成果维护与变更六大功能。数字设计管理"1+6"框架、数字设计管理平台分别如图 3-12、图 3-13 所示。

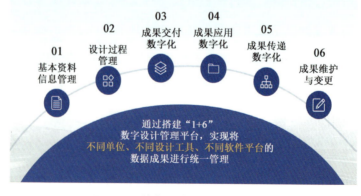

图 3-12 数字设计管理"1+6"框架

第3章 数字设计

图3-13 数字设计管理平台

数字设计管理平台用户主要包含设计单位、施工单位、养护单位、监测单位、建设单位、运营管理单位。平台涵盖项目前期方案调研,设计期正向设计,建设期进度、质量及安全管理,运营期交通感知及数字资产管理,养护期养护管理等,深入贯彻落实项目正向设计及"一模到底、一模多用"的理念。数字设计管理平台场景框架如图3-14所示。

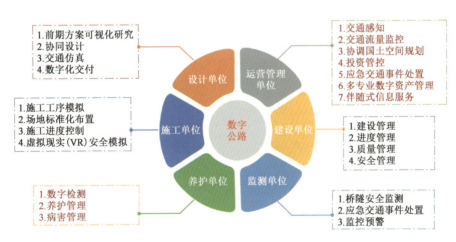

图3-14 数字设计管理平台场景框架

通过账号分配、权限隔离,平台支持各单位用户分别对数字成果进行上传管理,将数字成果统一有序集成展示。通过办公自动化(OA)流程的角色间传递,从设计单位到咨询单位以及江苏省交通工程建设局,实现了数字成果的审查确认交付。数字设计管理审查流程如图3-15所示。

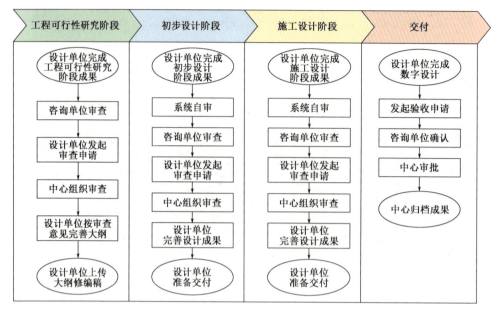

图 3-15　数字设计管理审查流程

通过平台的实施应用,管理单位实现了对文件、模型的管理,设计、咨询、施工等单位可以在平台上进行图纸等数据的接收。同时,作为数据流转站,平台也可以拓展数字化相关应用,最终实现与后期建设、运管等平台的数据传递。平台与项目施工建管平台通过后台数据打通,实现了设计阶段到施工阶段数字成果的无损传递,为工程设计、施工、养护运维等提供了数字底座,为实现数字交建奠定了工程数字化核心基础。

第 4 章
CHAPTER 04

数字管理

4.1 数字管理概况

4.1.1 传统高速公路建设管理

高速公路工程建设是一项系统而复杂的工程,工程建设的过程需要投入大量的人力、物力以及资金,对各项资源的使用,直接影响高速公路的建设速度与发展速度。传统项目管理以大量的项目管理人员为主,对人的依赖性较大,并且存在以下难点:

一是管理制度有待进一步完善。在高速公路建设过程中,现代工程管理、数字交通、平安百年品质工程等行业政策对高速公路建设管理者提出了更高的要求,既有管理体系有待进一步完善。

二是质量安全有待进一步提升。高速公路建设的质量直接关系到道路的安全性和使用寿命,质量监管在项目管理中具有非常重要的地位。交通运输部平安百年品质工程对新时期公路基础设施建设要求更高,尤其是在质量和安全方面。

三是资源效率有待进一步提高。在信息化方面,从早期信息化开始,各个层级的建设管理、设计、施工等单位开展了大量的建设工作,依然存在大量的重复建设,资源效率未能得到有效、高效整合。

4.1.2 数字管理技术发展现状

高速公路建设需要新型数字管理技术的支撑,这些技术分为感知、传输、计算、记忆、分析几大类。如大数据、云计算、BIM、GIS等,都是数字管理的关键支撑技术。近几年,公路基础设施建设行业出现了众多的信息化管理系统,基本覆盖了高速公路建设的主要管理对象(人、机、料、法、环)和主要管理方面(策划、进度、成本、质量),并已在实际过程中得到应用。信息化系统的应用,可辅助现场人员对项目进行综合管理,从而提升工程建设管理水平和工程质量安全。

(1)施工策划管理

管理方面(对象)为施工策划(法),综合应用BIM/物联网等技术实现前期工艺/计划等方面的策划管理。针对管理对象进行管理的信息系统主要有基于BIM的场地布置、基于BIM的进度计划编制与模拟、基于BIM的资源计划、基于BIM的施工方案及工艺模拟等。

（2）人员管理

管理对象为人员(人)，针对高速公路建设各参建单位人员的管理，也有多种类型的信息系统：基于互联网的施工人员培训、基于物联网的施工人员实名制管理、信息化门禁管理等。

如基于一体化平台的人员管理系统可对项目相关人员进行高效的综合信息化集成管理，支持全国各省(自治区、直辖市)劳务监管平台的数据对接。该人员管理系统能够实现人员劳务实名登记、基本信息管理、人员组织架构管理、人员考勤管理及相关数据的统计、分析和可视化等，通过规范化、标准化、流程化和制度化的管理模式，提升数据准确性、降低人员管理成本以及帮助企业在人力资源管理方面作出正确高效的决策。

（3）物料管理

管理对象为物料(料)，与高速公路建设所需的物料管理对应的信息系统有互联网采购管理、基于BIM的物料管理、基于物联网的物料现场验收管理、现场钢筋精细化管理、基于二维码的物料跟踪管理等。

数字化物料管理可通过搭建材料溯源系统，打通原材料进场验收、取样见证、试验见证与生产、运输、浇筑位置的全流程信息化管控，实现生产环节材料质量可追溯，进场材料批次、质量、数量的全方位控制管理。

物料管理结合项目综合管理平台等，能够进一步实现数据的分析汇总功能：①库存统计，统计材料类型、规格型号、库存数量等数据；②材料进场，统计进场时间、标段、材料类型、供应商名称、进场数量、状态等数据；③当前库存信息，各类型材料的库存量；④材料进场登记。进场输入信息并统计展示如图4-1所示。

（4）质量管理

质量管理方面的信息系统包括基于BIM的施工质量管理、工程材料质量管理、工程实测实量管理、基于BIM的施工可视化安全管理、机械设备的安全管理、深基坑工程的安全管理等。

序号	批次号	砼房名称	物料类型	物料	规格	入库数量	标段	原材产地	检测结果	仓库	入库人	入库时间	
1	HZ05-AAA20221211000 2	五标地磅	碎石	碎石	10mm-20mm	49.69 吨	土建05标	--	合格	粗集料	管理员	2022-12-11 07:45:44	查看
2	HZ05-AAA20221211000 1	五标地磅	碎石	碎石	10mm-20mm	50.06 吨	土建05标	--	合格	粗集料	管理员	2022-12-11 07:42:36	查看
3	HZ05-AAA20230215000 1	五标地磅	碎石	碎石	10mm-20mm	50.4 吨	土建05标	--	合格	粗集料	管理员	2023-02-15 17:32:28	查看
4	HZ05-AAA20221217000 1	五标地磅	碎石	碎石	10mm-20mm	42.64 吨	土建05标	--	合格	粗集料	闫元星	2022-12-17 12:00:30	查看
5	HZ05-AAA20221215000 1	五标地磅	水泥	普通硅酸盐水泥	P.O42.5	39.5 吨	土建05标	--	合格	水泥	管理员	2022-12-15 07:46:46	查看
6	HZ05-AAA20221214000 1	五标地磅	碎石	碎石	10mm-20mm	44.68 吨	土建05标	--	合格	粗集料	管理员	2022-12-14 17:00:04	查看

图 4-1　进场输入信息并统计展示

在现代工程建设中,施工质量是决定工程建设质量的最直接影响因素,提高施工质量是提升工程建设品质的重要手段,而提高施工质量的途径往往是对施工过程进行质量管控。传统的施工管理,是以"人"为主的管理,存在发现难、体量大等难点,在效率上存在严重的不足。

随着物联网、北斗定位技术与智能传感器的发展,利用这类技术在施工过程中对施工环节、施工工艺进行实时动态监测,提高了管理人员在施工过程中发现问题的能力,极大地便利了人员管理,有效地提高了工程质量。施工质量管理是针对施工过程中各项施工环节进行的管控,体现在路基施工、路面施工、桥涵结构物与工地试验室等方面,保证了施工过程中各项施工工艺符合规范,在一定程度上提高了工程建设质量。

以路面施工质量管控技术为例,影响沥青路面施工质量的因素众多,如进场原材料的质量、沥青混合料生产过程、运输过程、摊铺过程、碾压过程等,均可导致沥青混合料质量的波动,因此,利用全过程的智能管控技术对路面施工过程进行质量把关,是提高路面施工质量的重要手段。路面施工质量监管平台如图 4-2 所示。

路面施工质量管控技术利用北斗高精度定位技术、红外温度传感器、激光测距技术、无线射频识别(RFID)技术等,并利用通信模块上传至中心服务器,提高各类分析预警机制,以及数据分析方法,动态、真实地反映工程建设质量,实现"人机互联",动态控制工程质量,以此提高工程项目建设管理质量。主要实现以下功能:①电子地图导航,查看任意桩号不同环节施工数据、图像；②多环节监管数据综合对比评价，验证采集数据真实性；③每日施工质量综合评价，得到不同结构层施工质量评分；④维修推送施工日报，提供全天施工进度、质量数据分析结论；⑤专家辅助决策系统，过程预警问题提供闭环建议。现场施工实时展示如图4-3所示。

图4-2 路面施工质量监管平台

图4-3 现场施工实时展示

4.2 建筑信息模型（BIM）协同管理平台

以BIM数字设计管理平台为底座，面向项目建造与实施，聚焦跨江大桥、过江隧道、高速公路工程特点，围绕生产工厂化、施工装配化、管理信息化、数据标准化、数据来源物联化、数据应用协同化建设理念,紧密结合人、机、料、法、环关键要素,搭建面向路、桥、隧建造与生产的 BIM 协同管理平台。

4.2.1 高速公路 BIM 协同管理平台

结合新建高速公路、改扩建高速公路特征,以数字设计管理中心为底座,搭建全要素的 BIM 协同管理平台,在 BIM 协同管理平台中,核心面向质量、安全项目管理、BIM+智慧工地融合,实现人、机、料、法、环管理;以 BIM 模型为联动依托,实现建设期关键业务和数据智慧化管理,辅助工程智慧工地建设,解决业务之间实时数据联动难题,实现对工程范围内信息资源的充分共享和形象展示。BIM 协同管理平台涵盖高速公路(新建与扩建)建设期项目进度、质量、安全、投资、智慧工地等基本内容,并可根据不同项目特点增加开发功能模块,如档案管理、绿色低碳、BIM 交通导改等。特别是对于改扩建项目,BIM 协同管理平台充分与现场施工组织、交通运行状况进行数据融合与管理联动。通过 BIM 协同管理平台的使用,优化工作流程,进一步提高对项目建设管理的管控能力,实现项目精细化管理。沪武高速公路改扩建工程智慧建设 BIM 协同管理管理平台如图 4-4 所示。

图 4-4　沪武高速公路改扩建工程智慧建设 BIM 协同管理平台

4.2.2 跨江大桥 BIM 协同管理平台

聚焦跨江大桥在建设管理过程中的核心要素,在高速公路 BIM 协同管理平台项目管理、人机料法环管理等基础共性功能的基础上,围绕建造过程施工管控、智能建造等实现 BIM 协同管理,其主要表现在:①重大结构物监测,面向沉井、地下连续墙、索塔等现场施工环节,以物联网技术为核心,实时掌控施工过程关键控制参数;②工业化智能建造,以节段梁、钢结构等主体结构智能建造为基础,通过 BIM 正向设计与协同管理,搭建协同管理机制,实现工厂化数字管控。常泰长江大桥智慧建设 BIM 协同管理平台如图 4-5 所示。

图 4-5　常泰长江大桥智慧建设 BIM 协同管理平台

4.2.3 过江隧道 BIM 协同管理平台

聚焦海太长江隧道、江阴靖江长江隧道等过江隧道在建设管理过程中的核心要素,在高速公路 BIM 协同管理平台项目管理、人机料法环管理等基础共性功能的基础上,围绕建造过程施工管控、智能建造等实现 BIM 协同管理,其主要表现在:①重大结构物监测,面向地下连续墙、盾构机、管片安装等现场施工环节,以物联网技术为核心,实时掌控施工过程关键控制参数;②工业化智能建造,重点以管片、箱涵、烟道板等主体结构智能建造为基础,通过 BIM 正向设计与协同管理,实现工厂化数字管控。江阴靖江长江隧道智慧建设 BIM 协同管理平台如图 4-6 所示。

图 4-6　江阴靖江长江隧道智慧建设 BIM 协同管理平台

4.3　质量数字管理

4.3.1　平台概述

根据当前质量模块建设背景,统筹建立质量监管数据中心、沥青路面数据中心、桥梁数据中心三大数据中心,分别实现管理单位质量检查工作、沥青路面施工关键数据收集分析、中小桥梁施工质量进度管控,从而保证高速公路施工质量水平。数字质量平台数据以各项目数据为支撑,实现重点质量检测、分部分项工程数据全方位接入、统一监管。

4.3.2 功能模块建设

（1）质量监管数据中心

质量监管数据中心主要是针对江苏省全省项目的工程信息、单位信息、人员信息、检测指标、质量通病、检测费用进行在线管理，通过对各项目的飞行检查进行数据采集，实现以质量监管数据中心为工具对江苏省交通工程建设局主管项目进行动态检查，督促提升江苏省交通工程建设局全局项目施工质量。

质量监管数据中心内容涵盖路基工程、路面工程、防护排水工程、交通工程、桥涵工程、房建工程、隧道工程、钢结构工程等。中心功能包含：工程管理（工程信息管理、参建单位管理）、人员管理（参建各单位人员管理）、通报信息管理（检查任务单管理、检查方案管理、专项行动管理、交流反馈在线管理、整改上传管理）、费用核算管理（费用审核、费用统计）、统计分析（原材料统计主要包含原材料合格率统计、原材料合格率指标波动曲线、原材料合格率对比统计、原材料负面清单、其他常规材料负面清单、各项目标段合格率统计排名；实体统计主要包含实体合格率统计、实体合格率指标波动可视化、各项目标段实体合格率统计；质量通病模块主要包含工程类别维度通病分析、项目类别维度通病分析、通病类型类别统计分析、新通病、实体指数等）。质量监管数据中心平台如图4-7所示。

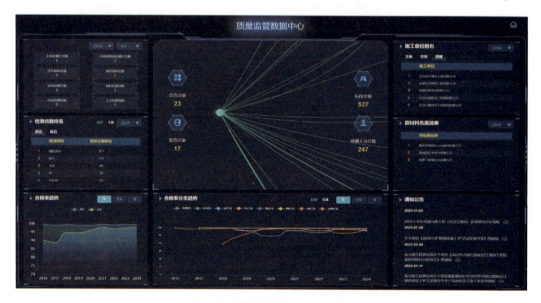

图4-7 质量监管数据中心平台

(2)沥青路面数据中心

沥青路面数据中心主要实现对沥青生产、沥青材料运输、沥青混合料运输、沥青混合料拌和、沥青混合料试验检测、沥青混合料摊铺、沥青混合料碾压等路面施工全过程质量监管,实现沥青与沥青混合料全过程数据在线、工艺在线、预警在线、监管在线。充分利用物联网信息技术,对针入度仪、软化点仪、延度仪、沥青红外光谱仪等仪器指标的检测结果进行自动采集,实现沥青试验检测数据、施工过程数据的自动实时上传。

基于收集的真实、实时的海量沥青数据,建立基于大数据的沥青与沥青混合料质量均匀性及稳定性评价指标——质量稳定性指数(AQSI),实现工程质量评价科学化。沥青路面数据中心平台如图4-8所示。

图4-8　沥青路面数据中心平台

(3)桥梁数据中心

桥梁数据中心主要可以实现在建高速公路工程中小桥梁施工进度、水泥混凝土拌和质量、试验检测数据在线化管理,平台针对每一个构件生成唯一身份认证标志二维码,二维码通过构件编号串联了所有数据进行协同管理,能够实现正向和反向的质量溯源。

桥梁数据中心主要包含桥梁基础数据模块、质量过程管控模块、质量分析模块、桥梁统计模块。桥梁基础数据模块通过地图展示江苏省全省所有桥梁的信息,并支持查询功能。质量过程管控模块管理范围主要包括基本数据、建设期数据和养护期数据。桥梁基本数据包括桥梁名称、所在高速公路、桥梁类型、桥梁规模、中心桩号、桥梁全长、桥梁宽度、详情、施工组织方案和施工专项方案等,其中详情包括设计角度、孔数与跨径、桥梁等级、上部结构类型、下部结构类型、伸缩缝类型和桥面铺装结构等。质量分析模块主要分析施工过程中不同材料的性能数据和分布情况。桥梁统计模块针对桥梁建设情况和二维码进行统计分析。桥梁数据中心平台如图4-9所示。

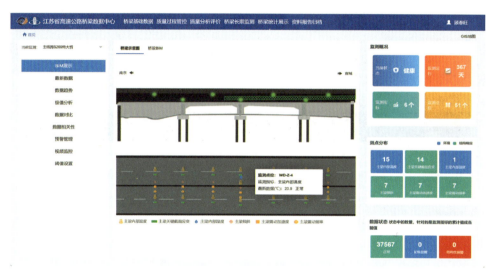

图4-9 桥梁数据中心平台

4.4 安全管理

4.4.1 平台概述

安全模块通过数据采集、分析、决策,支撑"坚守安全底线,严控施工安全风险"。安全模块内容包含人员管理、设备管理、安全活动管理、安全交底模块、危大工程模块、应急管理模块、云课堂管理(安全教育管理)、大排查和项目大检查模块。

通过开发平台统一传输协议,实现数据收集。收集的数据包含安全行为抓拍预警概况(周期性各种严重性的安全行为抓拍次数)、各项目危险源数据、日常检查周期性数据(每天/每周检查数量以及检查结果分析占比数据)、安全大检查周期数据、各项目安全经费分类数据(定期更新上传)、安全活动和教育周期性及覆盖率数据、特种设备数量及施工安全状况。

平台依托各个项目安全建设情况,通过地图区域整体展示江苏省交通工程建设局全局产业工人人数、在场人员、在场特种设备数量、技术交底数量、隐患数量,点击地图上展示的项目可以查看项目对应的安全明细数据。平台主要从指数排名、安全教育与交底数据、危大工程占比及分布、隐患排查及闭合处理、应急管理、视频布放安全识别数据等模块进行展示。

4.4.2 功能模块建设

(1)人员管理

建立员工档案管理系统,实现员工信息的电子化存储和管理。通过权限控制系统,确保只有授权人员可以访问和操作相关数据。考勤记录可以通过智能考勤系统实现,自动记录人员的出勤情况和工作时间。同时进行风险评估和控制,识别潜在的危险因素和风险源,采取相应的防护和控制措施,保障人员和项目的安全。

(2)设备管理

建立设备和应急联系人档案管理系统,实现设备信息的在线存储和管理。设备维护计划可以通过计算机辅助维护管理系统进行制订和管理。故障管理可以通过故障报修系统实现对故障的在线报修和处理。建立项目的应急预案,包括事故应急处理、灾害恢复等方面的预案,确保在突发情况下能够迅速响应和应对。

(3)安全活动管理

建立安全会议管理系统和安全培训管理系统,实现会议和培训的在线安排和管理。演练管理可以通过在线演练系统进行,实现演练计划的制订和演练过程的记录。

(4)安全交底模块

实现安全标准和作业规程的在线发布和交底;应急预案交底可以通过在线应急预案管理系统实现,确保预案的在线传达和人员的在线学习。

(5)危大工程管理

实现危险作业的在线申请和审批。工作许可管理可以通过在线工作许可管理系统进行,确保工作许可的在线申请和批准。风险评估与控制可以借助信息技术工具进行风险分析和控制措施的在线制定。

(6)应急管理模块

实现应急预案的在线编制和管理。应急联系人管理可以通过在线联系人管理系统进行,确保应急联系人信息的在线管理。应急演练与评估可以通过在线应急演练系统进行,实现演练计划的在线制订和演练结果的在线记录。

(7)云课堂模块(安全教育管理)

实现培训课程的在线发布和学员的在线学习;在线考试与评估可以通过在线考试系统进行,实现在线考试和成绩评估。

(8)大排查和项目大检查模块

实现隐患的在线排查和整改过程的在线记录;可以通过在线检查计划管理系统实现安全检查计划的在线制订和结果的在线记录。

数字安全模块在高速公路建设项目中的应用,能够为项目提供全方位的安全保障,确保高速公路项目建设过程安全,实现信息的在线共享和实时更新,提高数字安全模块的效率和准确性,防止潜在的安全威胁和风险对项目造成影响,为高速公路建设项目的数字安全管理提供有力支持。安全管理模块平台如图4-10所示。

图4-10 安全管理模块平台

4.5 数字"双碳"管理

4.5.1 平台概述

数字"双碳"模块用于管理在建项目工程绿色环保建设状况,从绿色实时监测、绿色费用分析、网格化管理、碳排放管理、施工豁免等方面评价分析绿色建设水平。

通过开发统一传输协议,打通项目环保模块与省级绿色环保中心数据连接壁垒。数字"双碳"管理平台需要获取的静态数据有绿色危险源数据(可录入、导入、接口获取)、绿色监测设备分布、各级网格数据列表(可录入、导入、接口获取)、绿色费用投入。需要实时获取的数据主要是绿色监测设备阶段性中介数据、厂区碳排放阶段性数据。

基于平台数据,可以分析得出施工豁免、监测覆盖、碳排放量,平台主要展示了各项目施工豁免率、环境数据监测覆盖率、网格优良率、施工碳排放情况(与定额排放量进行对比)。

平台基于"双碳"模块数据基础综合影响因子,引入定量公式计算,生成绿色施工指数,评价各个项目在绿色施工方面的水平。通过平台还可以查看各项目绿色经费使用情况及占比、各项目施工豁免情况、碳排放监测及分析决策。数字"双碳"管理平台如图4-11所示。

图4-11 数字"双碳"管理平台

4.5.2 功能模块建设

（1）绿色检查与评估

基于绿色标准和指南，对高速公路建设项目的绿色性能进行检查和评估。可以自动化执行绿色评估流程，收集必要的数据并生成评估报告，帮助项目管理人员了解项目的绿色表现，并提出改进建议。

（2）检测设备集成与管理

对各类环境和设备所用的监测设备进行集成和管理，实现对传感器和监测设备的配置、数据采集和状态监控，确保数据的准确性和设备的正常运行。

（3）施工豁免率计算与管理

施工豁免率计算与管理程序，可用于计算和管理高速公路建设项目中的施工豁免率。该程序可以根据项目特征和要求，自动计算施工阶段的豁免率，并提供豁免率管理功能，确保项目在符合绿色准则的同时满足施工需求。

（4）绿色费用占比计算与监控

该程序可以跟踪和记录与绿色施工相关的费用，并计算其在项目总成本中的占比，帮助管理人员了解绿色投资的效益和经济性。

（5）监测覆盖率统计与可视化

监测覆盖率统计与可视化程序，用于统计和可视化展示高速公路建设项目中监测点的覆盖率，可以根据监测设备和数据采集情况，计算并展示监测点的覆盖率，帮助管理人员了解监测网络的完整性和可靠性。

（6）碳源分析与建模

碳源分析与建模程序，用于分析和建模碳排放源和排放热点。利用碳排放数据和相关参数，进行碳源分析和建模，识别主要碳排放源和排放热点，并为制定碳减排策略和措施提供科学依据。

（7）环境监测与预警

环境监测与预警程序，用于实时监测和预警高速公路建设项目中的环境参数。该程序可以将监测设备采集的环境数据进行实时分析和预警，及时发现环境异常和风险，采取相应的措施保护环境和减少负面影响。

(8) 碳排放计算与监测

碳排放计算与监测程序,用于实时计算和监测高速公路建设项目的碳排放量。可以结合各种数据源和模型,实时计算碳排放量,并提供碳排放监测功能,帮助管理人员了解项目的碳排放状况和变化趋势。

(9) 碳经济指数计算与评估

碳经济指数计算与评估程序,用于计算和评估高速公路建设项目的碳经济指数,可以结合碳排放数据和经济参数,计算碳经济指数,并提供评估报告,帮助项目管理人员评估碳减排措施的经济效益和可行性。

(10) 绿色风险源分析与管理

绿色风险源分析与管理程序,通过收集环境、施工和运营数据,分析和评估可能存在的绿色风险源,如土地利用、水资源消耗、噪声和振动等。通过帮助识别潜在风险并制定相应的管理措施,控制并减少高速公路建设过程中绿色风险。

4.6 数字交建聚合平台

江苏省作为交通运输部加快推进新一代国家交通控制网和智慧公路试点的九大试点省(自治区、直辖市)之一,近年来,在全国率先探索智慧公路建设,加快推进公路基础设施数字化、网络化、智能化发展。尽管基础设施建设行业数字化转型落后于其他行业,但潜力巨大。高速公路数字化转型对于江苏省具有重要意义,对于全国同行也有重要参考价值。

围绕公路基础设施数字化转型的实现路径和关键技术,以各数字管理基础平台为基础,江苏省交通工程建设局提出了高速公路"数字交建"概念,规划了高速公路数字化转型发展的路径,构建了数字交建评价指标体系;建立了围绕管理、设计、安全、质量、监测、建造、施工、"双碳"、协同的数字交建关键技术体系,研发了软件与硬件装备;提出了数字交建数字协同集成体系,开发了数字交建系统平台。数字交建平台如图4-12所示。

图 4-12 数字交建平台

4.6.1 数字交建顶层架构

根据《江苏数字交通发展三年行动计划(2022—2024年)》指示精神与重点任务,江苏省交通工程建设局全面、系统规划高速公路建设管理数字化转型专项工作,规划"数字交建"数字化转型发展任务,充分利用5G、大数据、人工智能等数字化技术,夯实基础设施数字底座,提升信息化基础设施智能水平,打通、链接分散在不同部门、不同领域的数据信息,实现规划、设计、施工、竣工交付全过程数字化转型,让数字技术为高速公路建设管理赋能。以《江苏数字交通发展三年行动计划(2022—2024年)》要求为指导,数字交建以"三全"作为主要定位与实施原则,打造建设"三全"数字交建体系,如图4-13所示。

图 4-13 "三全"数字交建体系

4.6.2 数字交建总体目标

以夯实数字底座为基础,以数字创新技术为驱动,以数据潜能价值为抓手,以打造交通新型融合基础设施为重点,不断优化高速公路建设数字化转型发展环境,形成"全项目+全过程+全周期"的数字交建框架体系,构建1个数字中心,完善7个数据中心,深化3个协同平台,打造9个数字能力,建成 N 条数字高速公路,形成"1739 + N"数字交建模式。最终实现以"数字管理高效、数字设计先进、数字安全可靠、数字施工智能、数字建造领先、数字检测精准、数字监测可控、数字'双碳'创新、数字协同共享"为导向的江苏高速公路建设管理数字化发展水平大幅提升。数字交建总体框架如图4-14所示。

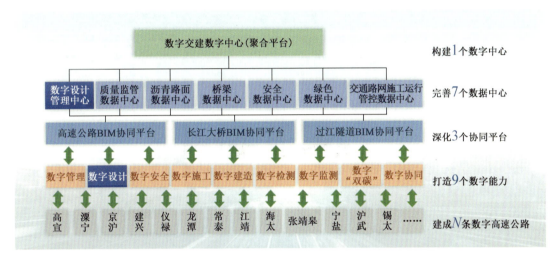

图 4-14　数字交建总体框架

4.6.3　数字交建示范成效

数字交建平台的搭建,在数字管理、数字设计、数字质量、数字监测、数字建造、数字施工、数字安全、数字"双碳"、数字协同等方面应用成效显著。

(1) 数字管理提质增效

依托数字交建平台载体,江苏省交通工程建设局优化内控流程模式,围绕 OA 系统、计量支付平台、数字党建平台、数字档案系统四大系统升级,实现在线文件流转率约 90%,提高江苏省交通工程建设局各项工作管理效率。2023 年度,数字交建平台动态监管项目进度数据 78 条、投资及计划管理数据 188 条、项目合同数据 498 条、合约管理数据 156 条。平台实时把控计量支付情况,各项目平均计量支付时效率提升约 50%,劳务人员工资发放监管率保持 100%。同时,2023 年度数字交建平台协同维护党建建设数据 118 条、廉政建设数据 151 条、科研创新数据 235 条、档案归档数据 310 条,实时反映江苏省交通工程建设局整体数字管理应用状况。

在做好对内管理的同时,对外聚焦项目全周期建管部门协同,加强与江苏交通控股有限公司施工期运维交付规划联动,通过一系列数字管理转型,较2022年之前整体提升协同效率约30%,各管理平台数据关联度达到95%,数据安全度达到100%。数字交建数字管理如图4-15所示。

图4-15 数字交建数字管理

（2）数字设计牢筑根基

依托数字交建平台载体,提出了全面推进BIM+GIS三维设计技术在高速公路设计环节的应用,聚焦跨江大桥、过江隧道结构单元化特点,深化主体结构BIM正向设计,构件模块化设计覆盖率约100%。通过数字设计平台,加强了江苏省交通工程建设局全局项目设计进度信息及设计文档归档工作,在线统计设计变更量、变更投资数据,数据准确率达100%,初步建立了设计数字后评价机制与方法。在完善传统设计管理的基础上,探索了碳排放设计定额库建设,从项目建设工艺、材料、设备等维度,初步计算项目建设预估碳排放总量,实现了在建项目分阶段碳排放目标制定覆盖率100%。同时,加大设计阶段数字化研究课题立项力度,各在建项目累计立项数字设计专题20余项。

（3）数字质量精准溯源

依托数字交建平台载体,完善了既有路面、桥梁等数据中心升级,每年度江苏省交通工程建设局全局项目路面、各类中小桥梁原材料及结构物质量数据同步关联数据中心效率达94%。从数据中心正式应用至2023年底,路面累计监管检测改性沥青(SBS)样本

11515个,累计数据44768条,合格率为99.99%;累计监管检测道路石油沥青样本4770个,累计数据16869条,合格率为100%。2019—2022年,沥青混合料质量评分分别为95.09分、96.21分、93.30分、97.80分,总体稳定。桥梁累计监管12个在建高速公路项目,累计采集水泥混凝土生产数据721076条,累计监控预制构件智能张拉5445片、智能压浆3135片。质量数据中心累计监管江苏省高速公路31条,收录建成、在建高速公路1264.018km,主体工程检查点数共计485798个,原材料检查组数共计10209组,累计监管原材料及路用产品指标52个、实体指标87个。同时,各中心在线监管全局项目施工单位、监理单位、中心试验室、现场管理机构共计181家质量数据,其中物联网试验室达12个,物联检测平台检测项覆盖度约87%。

(4) 数字监测动态监管

依托数字交建平台载体,实现了江苏省交通工程建设局全局项目施工期结构状态监测参数项覆盖率达70%。在隐蔽工程施工监测方面,依托建兴高速公路、宿泗高速公路等新建/改扩建高速公路,开展了软基处理水泥搅拌桩施工监测,累计记录5万余根桩基,施工约30万延米,预警处置率达98%。在大型构筑物施工方面,针对高速公路桥梁全预制运架一体化施工特点,开展了架梁线形、梁端位移、立柱沉降等监控量测,累计采集数据12000余条,发送各类施工预警200余次,预警处置率达100%。在跨江大桥、隧道等工程方面,更是进一步加强施工监测应用。依托江阴靖江长江隧道、海太长江隧道等项目,开展了明挖段地表沉降、水平位移、支撑轴力等参数监测,累计布设各类监测点位1350个;开展了盾构段管片结构位移、管片上浮、隧道拱顶沉降等参数监测,累计布设各类监测点位6371个,累计监管盾构掘进进度3864环、管片拼装3638环。依托常泰长江大桥、张靖皋长江大桥等项目,针对塔柱易发生横偏和扭转变形、线形及内力控制难度大等问题,建立了基于BIM的数字孪生施工场景,分别监测索塔结构线形、应力、温度场和临时结构应力、变形等,其中索塔共计布置了25个高精度双轴倾角传感器,能够精确监测四塔肢在不同方向上的变形;在索塔关键受力断面上共计布置120个应力测点,选取6个断面、共计405个温度测点,实时监测塔柱温度场分布情况;在8道主动横撑及锁定结构上共布置24个应力测点,对主塔线形及结构应力、临时支撑受力等关键数据进行实时监测与分析,对监测数据超限事件进行实时预警。

（5）数字建造工业革新

依托数字交建平台载体，推进了重点项目智慧工地、智慧社区与BIM协同系统平台的融合建设，实现了智慧工地与BIM协同平台在江苏省交通工程建设局省管项目和省市共建项目中应用率100%。基于工业4.0、物联网智能制造发展趋势，以中国交通建设集团有限公司、中国铁路工程集团有限公司等社会化资源力量为主，从预制构件制造角度出发，打造工业化预制构件生产基地数量达6个，预制构件生产总量约500万t，产值完成约300亿元。从工厂基地角度出发，累计采购生产原材料约700万t，下料加工、焊接拼装、浇筑运输环节次数达500余次，各预制构件日产能均能满足施工进度需求。通过数字建造技术，江苏省交通工程建设局全局项目构件设计信息与制造工艺数据关联度达95%，构件质量整体合格率提升12%，生产效率提升41%。

（6）数字施工智能管控

依托数字交建平台载体，综合应用人工智能、5G+、增强现实（AR）等技术，聚焦不同类型项目施工工序，部署了数字施工场景30余项。针对江苏省交通工程建设局所辖江苏省在建跨江大桥项目主体施工，累计管理进场各类智能化大型设备达20余台，设备在线总时长约12000h，施工整体效率提升50%。针对全局过江盾构隧道项目主体施工，监控盾构机累计在线时长达5230h，日均掘进进度8环。各类型桥梁混凝土使用量约152万t，上部结构预制构件装配化施工20万余件，下部结构预制构件装配化施工3万余件；路面各类型沥青供应量约46万t，累计摊铺高速公路里程约1000km。

（7）数字安全平安守护

依托既有安全数据中心应用基础，江苏省交通工程建设局聚焦安全核心要素，打造全局项目数字交建安全中心。安全数据中心总计接入项目19个，其中已下线交工项目2个（溧宁高速公路、高宣高速公路），已下线监理标段5个、施工标段28个，目前接入监理标段28个、施工标段（主体工程）71个。依托数字交建平台载体，发出自动预警总计1588条，其中人员管理总计738条，占比为46.5%；机械设备716条，占比为45.1%；危大工程134条，占比为8.4%。

安全数据中心平台围绕人员管控、设备管控、技术交底、安全培训等要素，对在建项目、在场人员、在场施工设备进行备案管理，备案在场人员共计28227人、在场设备共计

4834台套,备案率达100%。现场视频监控数量达918处,现场视频监控在线率已达95%以上。同时累计记录在建项目安全会议信息1400次,利用平台组织教育培训9345次、安全交底9014次、班组活动110328次,项目安全技术交底覆盖率100%。针对过江通道、高速公路改扩建重大项目,管控危大工程1212个,实现危大工程开工核查率100%,应急处置方案编制评审率100%。应用安全数据中心平台,排查隐患总数共计73704次,发现隐患问题共计47455次,发现未及时整改仅为32次,大幅提升安全管理工作效能。

(8)数字"双碳"绿色发展

数字"双碳"平台累计管控全局在建项目环保风险源827个、高风险源118个,绿色专项检查次数达300余次。应用数字"双碳"平台,有效缩短问题整改时间,环保问题平均整改时间降至40h。同时,进一步加强各项目环境在线监测,布设监测设备累计215台,设备在线率达98%。环境监测联动省级网格监测,布设各项目沿线项目级网格和增补级网格,项目级网格数达109个,增补级网格数达55个,监测点位覆盖率达90%,环境监测预警总数359次,预警处置率98%。通过在线空气设备实时监测计算空气质量综合指数,指导项目环境管控,有效减少环保问题停工事件发生数,重污染天气施工豁免标段达19个。在碳管理方面,对各项目机械车辆、施工耗能碳排放量进行精确测算,评估江苏省交通工程建设局全局项目碳排放总量约77万t。

(9)数字协同数据共享

依托数字交建平台载体,加强了项目实施全生命周期的计划管理协同,聚焦项目建设全生命周期各方协同关联度,实现了每年度江苏省交通工程建设局全局项目协同建设单位数量约30个,年度协同次数80余次。针对已完工项目,进行资产交付比例达100%。此外,围绕安全、效率、服务等维度,规划部署了运营期未来场景达20余项,同时深度设计每项场景技术,场景覆盖度约90%。针对江苏省交通工程建设局全局项目数字平台资金投入和海量数据信息安全保障工作,分项目定期跟踪数字平台资金投入,累计计量资金总投入约10亿元,各信息化平台数据防护措施全覆盖,病毒攻击处置率约96%,累计存储各类型数据资产量约1000T。

第 5 章
CHAPTER 05

高速公路智能建造技术

5.1 发展概况

高速公路基础设施建设高质量发展的重点在于工程的品质提升与高效管理。数字化、信息化、智慧化是提升质量耐久和提高管理效能的重要手段,也是时代发展不可逆的趋势与潮流。近10年来,智能建造业务及配套信息化技术已经逐步完成了几轮更新迭代。早期,高速公路建设智能建造载体主要为电子化的项目管理系统。系统利用电子化的流程实现了部分办公流程的数字化,这也是初代智能建造的雏形,基于软件系统实现效率的提升。

随着物联传感技术的发展,如沥青拌和站等关键工序的质量数据成为信息化采集的重点对象,初步形成了以物联网为核心技术的智能建造感知侧系统架构,并实现了远程的数据采集与分析,显著提升了工程质量的管控监督效能。与此同时,智能压实等技术也逐步在研究储备之中。对智能建造而言,标志性的项目为乐清湾大桥工程,形成了汇聚三维BIM模型、项目管理、质量管理、安全管理、人员管理等多项功能的集成式智能建造平台,标志着智能建造以系统化的面貌走到了工程建设舞台中央。随后,江苏省各在建重点工程中,智能建造逐渐成为标配模式,各地智能建造也逐步依托相关单位形成了支撑数字经济的产业链,行业智能建造发展与应用规模空前。

江苏省高速公路基础设施建设在智能建造方面积累了大量的经验。以江苏省交通工程建设局为代表的相关单位对智能建造的探索也经历几个发展阶段,从早期单项技术的物联监测阶段到集成式智能建造平台阶段,逐步建成依托专项监测技术形成的省级工程建设项目数据中心,在工程建设中得到广泛应用。

结合工程建设高质量发展要求,江苏省以智能建造为载体,形成了试验检测、路面施工质量、桥梁施工质量、建设安全管理、绿色交通管理五个方面的省级数据中心平台。同时,面向新时期江苏省过江通道、高速公路新建或改扩建等项目,汇聚形成了面向BIM协同的智能建造聚合平台系统。其中具有典型代表意义的包括:以龙潭长江大桥、常泰长江大桥和张靖皋长江大桥为代表的跨江大桥智能建造协同管理平台;以江阴靖江长江隧道、太湖隧道为代表的长大水下隧道智能建造协同管理平台;以五峰山高速公路、京沪高速公路改扩建工程为代表的八车道高速公路智能建造协同管理平台。

面向新时期交通强国与数字交通的发展要求,江苏省的相关成果也推广应用到其他省(自治区、直辖市)的高速公路智能建造建设中。本章重点对江苏省在高速公路智能建造方面的关键技术进行介绍。

5.2 路基智能建造技术

5.2.1 技术简介

针对江苏省所处地域特征,为减少路基后期不均匀沉降,围绕路基施工中的软基处理和路基压实智能建造,实施全过程的数字化施工监控,不断完善路基施工数字化场景。

5.2.1.1 软基处理

软基处理是一项隐蔽工程,水泥搅拌桩施工时需严格控制搅拌桩位置、水泥掺量、搅拌桩下沉速度、提升速度等。但是,施工过程中无法对桩长、水泥用量等参数进行全过程跟踪检测。传统的质量控制,多以监理旁站、辅助试验、结合打钻机的小票判定,不能及时地对水泥搅拌桩施工质量进行监控,水泥搅拌桩成桩质量控制难度大。

软基施工过程中借助软基处理监控管理系统监控质量,以数字化施工代替传统的经验施工。在软基处理过程中,针对湿喷桩施工中的桩基位置、水泥用量、搅拌桩下沉速度、提升速度、垂直度、桩长等关键要素实施信息化监控,通过物联网设备采集数据并上传至信息化平台,对异常数值进行预警推送提醒,实施全过程数字化监管,保证软基处理质量。软基处理如图5-1所示。

5.2.1.2 路基压实

传统路基碾压模式主要依赖人员经验,压路机的碾压速度、碾压遍数和碾压轨迹都由压路机司机现场评估,缺少准确的判断依据,常常会出现漏压、欠压等碾压不均匀现象。

图 5-1 软基处理

路基压实控制系统基于实时动态(RTK)测量控制系统,在路基施工现场建立定位基准站,在施工机具上安装流动站,基准站通过数据链将其观测值和测站坐标信息一起传送给流动站,实现厘米级的定位,满足了压路机的轨迹定位。在路基压实过程中,通过物联网感知设备和压实算法,对碾压过程中的碾压桩号、碾压遍数、碾压速度、连续监测压实度值(CMV)等实施信息化监控,操作手通过反馈信息控制碾压速度和碾压遍数,实现全过程数字化监管,保证路基施工质量。

5.2.2 关键技术

针对路基施工中的软基和路基处理,分别采用软基处理智能化技术和路基压实智能化技术。

5.2.2.1 软基处理智能化技术

①通过安装深度传感器实现对水泥搅拌桩桩长的精确控制,深度传感器应固定于桩基立架适当位置,保证可准确测量桩基深度,深度传感器可自由转动。使用前应开动桩机检查深度传感器是否上下晃动并进行固定,并对深度传感器进行标定。

②为实现对水泥搅拌桩每延米水泥浆量的掺量精确控制,需要安装水泥浆流量传感器,其安装位置应达到满管测量的要求。安装前应查看流量传感器的标签,确认流量传感器的方向,按照流量传感器流速向前方向,固定到桩机机身。成桩前应检查流量传感器是

否漏浆,并对流量传感器进行标定。流量传感器应做好防水固定。

③钻机在钻进过程中需要保证其在竖直方向尽量垂直,倾角传感器安装可以对桩体的垂直度进行有效控制,安装时应保证倾角传感器安装面与被测物体的安装面完全紧靠(被测物体的安装面要尽可能水平),不能有夹角产生;传感器轴线与被测面轴线平行,两轴线不能有夹角产生。

④水泥搅拌桩施工时桩机都需配置后台灰罐,用于施工打桩时水泥浆液送给。在灰罐后台安装称重测量系统,便于规范桩体的水泥掺量管控。采用全自动送回系统,与水泥搅拌桩施工桩机实现前后台对应的全流程管控体系。

⑤自动送灰系统可通过记录仪远程控制自动下灰、自动送灰、自动加压、自动泄压功能,无线控制系统通过远距离无线电(LoRa)通信实现交互,最大支持通信距离为1.5km。

⑥各传感器安装完成后需再进行一次统一标定,查看各装置数据记录等功能是否正常。

水泥搅拌桩智控设备工作原理框图如图5-2所示。

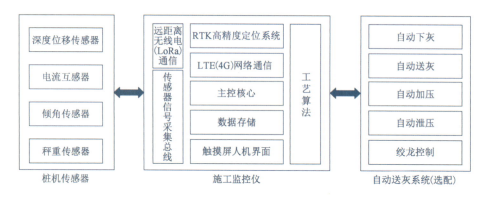

图5-2 水泥搅拌桩智控设备工作原理框图

通过软硬件结合的方式实现实时数据监测,对水泥土搅拌桩施工过程中桩深、钻速、灰量、垂直度等关键参数进行实时监测和不达标预警,并发送不合格参数短信,实行闭环处置流程,将施工质量的评估放到施工过程中,避免事后处理。在成桩后通过监控平台对成桩列表、成桩详细数据、成桩曲线和成桩过程曲线等成桩过程历史数据进行管理和统计,便于对软基处理质量的追溯,实现软基处理施工过程数字化,提升软基处理施工质量。软基数字施工如图5-3所示。

图 5-3 软基数字施工

5.2.2.2 路基压实智能化技术

①基于 RTK 控制系统,在施工现场建立定位基准站,在施工机具上安装流动站,基准站通过数据链将其观测值和测站坐标信息一起传送给流动站,实现厘米级的定位,满足压路机的轨迹定位。

②采集设备通过第三方外部检定、内部自校、系统自检等方法,确保采集数据的真实性、准确性。

③采用分层分析法,建立质量评价模型,按标段、结构层、工序对施工质量进行综合评分;在每日施工后,系统的项目级、标段级进行日报,对施工进度、质量进行总结,提示管理人员加强对质量薄弱桩号的现场检测,及时对施工质量进行评价。

④对施工过程出现质量波动的,在施工现场以声光警报提醒作业人员,同时系统自动预警分级,推送给不同层级的人员,通过以往科研成果、咨询意见成果,形成专家辅助决策意见库,对施工过程中出现的质量波动,逻辑判断可提供的咨询意见库,做到预警问题的闭环跟踪处理。

⑤依托道路线形桩号创建相应道路模型,根据工程桩号,追溯历史拌和、摊铺、碾压、检测等全过程管控数据,首次解决信息化管控中各工序互不能相连、不能完全表征施工质

量的行业缺陷,也为后期道路养护提供决策分析依据。通过摊铺压实实时解算服务,对历史摊铺压实施工进行历史回放,对当日施工的结构层、材料类型以及摊铺压实的质量进行回溯,真正做到路基施工质量数据化管理。

系统具备自动预警分级功能,并推送给不同层级的人员,根据专家辅助决策意见库,对施工过程中出现的质量波动进行逻辑判断,并提供对应的咨询意见,做到预警问题的闭环跟踪处理,全过程控制路基施工过程中碾压质量。在施工结束后,路基智能碾压系统自动推送施工日报,反馈当日施工情况。同时,系统记录保留所有施工相关数据,可实时查看不同桩号段落的碾压过程回放,做到路基碾压施工全过程追溯,实现路基碾压施工数字化,进一步提升路基施工质量。路基智能压实施工如图5-4所示。

图5-4 路基智能压实施工

5.2.3 典型案例

路基施工数字化应用场景在高速公路路基施工过程中进行了全面应用,依托京沪高速公路、连宿高速公路、宿泗高速公路、沪武高速公路等新建/改扩建高速公路,开展了软基处理水泥搅拌桩施工过程监控和路基碾压过程施工监控,各依托项目累计应用覆盖率达90%以上,大幅提升了各项目的路基施工质量,实现了施工过程数字在线化、质量线上化、施工可视化,充分发挥了路基施工数字化在工程质量控制中的作用。沪武高速公路改扩建工程软基施工监测如图5-5所示。

图 5-5　沪武高速公路改扩建工程软基施工监测

5.2.4　成效评价

当前,江苏省内重点高速公路可实现软基数字化施工率100%。以连宿高速公路项目为例,截至 2023 年 6 月,项目自检水泥搅拌桩 2684 根,优桩率 100%;强检水泥搅拌桩 5194 根,其中优桩 5178 根、良桩 16 根,优桩率 99.69%,优良率 100%。通过信息化手段,对路基生产全过程进行实时数据采集、汇总、分析,作为现场生产管控的补充手段,可以有效提升路基施工过程的质量管控能力,实现生产数据的质量溯源。

5.3　路面智能建造技术

5.3.1　技术简介

围绕路面施工数字化场景中水稳基层、沥青路面及钢桥面铺装等施工,开展施工全过程数字化管控,串联前后场施工管控数据,实现施工在线、数据在线,不断提升路面施工质量,充实路面施工数字化场景。

5.3.1.1　路面基层及面层施工

路面基层及面层施工包含路基水稳混合料生产、路面沥青混合料生产、混合料运输、摊铺、碾压等环节。项目建设中，通过记录施工过程数据，对工程建设质量进行总体评价。当前阶段，基层、面层施工仍存在许多质量通病，主要表现为混合料配合比不稳定、混合料离析、混合料摊铺时离析、压实度不足等，存在严重的质量隐患。

在水稳基层施工中，针对水泥稳定碎石后场的拌和质量、运输轨迹和时间、前场摊铺速度、碾压速度和遍数等开展全过程关键参数信息化监管；在沥青路面施工中，针对沥青混合料后场的拌和质量和温度、运输轨迹和时间、前场摊铺温度和速度、碾压温度、速度和遍数等开展全过程关键参数信息化监管，可以有效提升对基层施工过程的质量管控能力。

5.3.1.2 钢桥面铺装

在钢桥面铺装施工过程中，对铺装混合料后场拌和质量、特种材料的掺量、运输过程及前场施工工艺质量，开展全过程关键参数信息化监管。设备将关键参数信息实时上传至施工质量管控平台，实时分析，并对异常情况实时预警，实现对施工质量的实时数字化监控。

5.3.1.3 3D智能摊铺

3D智能摊铺技术是通过数据拟合建模、现场三维空间定位、自动施工控制三个步骤来实现施工自动化、智能化、精准化。将三维模型导入3D数字化智能控制系统，施工过程系统自动进行控制，无须测量放样和找基准线，能够完整地获取传统施工无法获取的曲线弯曲度和横坡度数据，使摊铺线形控制更平顺。

5.3.1.4 无人压实

无人压实技术是基于北斗高精度定位、智能传感器、无线网络、云平台、大数据而开发的新一代数字智能化施工辅助系统，基于边缘计算服务实现压实遍数、温度、轨迹等关键信息动态生成，方便了解当前施工路面实时压实信息和轨迹信息，自动指导控制压路机形式轨迹，极大提高道路施工过程的连续性和可追溯性，实现沥青路面无人化、少人化。

5.3.2 关键技术

5.3.2.1 路面基层及面层施工

（1）拌和站监管

数据采集和传输系统。安装在拌和站控制室的工控机，通过可编辑逻辑控制器

(PLC)与各个传感器相连接,获取实时生产数据,如各规格集料的质量、水泥质量、拌和时间、水泥剂量参数等。采集软件通过获取工控机上的基础数据库,将数据通过串口通信与网络数据传输单元(DTU)设备连接,网络 DTU 设备再将数据转换成电子信号发送到负责接收处理数据的计算机服务器上。

数据接收和处理系统。安装在负责接收监控数据的计算机服务器上,通过预先编辑好的软件,对提取数据进行分析,并转换成工程质量控制的常用语言,如水泥剂量、筛孔通过率、拌和生产周期等。基于预先录入的控制阈值,如水泥剂量的控制上下限、筛孔通过率的上下限,一旦发现超过控制阈值,则进入预警状态,发送预先设置好的警告类型。

界面查询和预警系统。计算机服务器将处理好的信息存入网络公共平台数据库,沥青路面施工质量管理人员则通过指定网际互联协议(IP)登录地址,借助设计好的界面程序进行数据的查询、统计、下载,综合分析沥青混合料的生产状态。预警系统则包括数据处理、人员权限管理、短信网络平台管理等工作,对生产中超过控制限值的生产信息,经过分类分级配制,向相应的质量管理人员推送预警信息。

在后场水稳拌和楼通过 DTU 传输装置采集和传输水稳混合料拌和过程中的开关机时间、混合料级配、水泥用量、拌和时间等关键参数,对异常数值设置分级预警推送,实现拌和过程配合比监控,实时关注拌和质量。并通过管控平台实时对拌和数据稳定性进行分析,统计生产总量,定时推送至相关人员。沥青混合料拌和管控如图 5-6 所示。

图 5-6 沥青混合料拌和管控

(2) 混合料运输监管

车辆进出管理。混合料运输车安装RFID卡,以4G无线通信网络为载体,有效监控车辆运输时间,准确定位每车混合料的摊铺桩号,从而在运输环节消除水稳混合料的质量缺陷,进一步保证混合料的质量。

车辆编号。在混合料拌和后场、摊铺前场分别安装采集天线,在运输车辆的侧厢、尾厢位置安装抗金属干扰的电子标签卡,将车辆编号记录在RFID卡中,当射频读写器对RFID卡进行读取时,这些信息会自动上传至服务器,系统可对车辆的相关监控信息进行整合,用于监控其运行情况。

进出厂时间。在拌和站出口处安装射频读写器,当车辆离开时读取安装在该车的RFID卡,并将读取的时间作为该车的出站时间,以便于将运输时间控制在合理范围内,从而避免运输时间过长。当混合料卸料结束离开前场,则记录混合料的结束摊铺时间,同时通过摊铺机械上的高精度定位设备可获得摊铺的开始和结束桩号、左右幅信息。

在运输过程中,在混合料运输车安装RFID卡,以4G无线通信网络为载体,在混合料拌和后场、摊铺前场分别安装采集天线,有效监控车辆运输时间,准确定位每车混合料的摊铺桩号,从而在运输环节消除混合料的质量缺陷,进一步保证混合料的质量。沥青混合料运输系统如图5-7所示。

图5-7 沥青混合料运输系统

(3) 混合料摊铺碾压监管

在摊铺机械上安装高精度的定位设备,通过采用厘米级的高精度地理信息定位设备,获得摊铺的运动痕迹的地理信息,从而实现摊铺速度、摊铺里程的实时监管统计。

为使测量结果除了反馈给后场的质量管理人员,也及时通知现场施工人员,项目开发了以外挂发光二极管(LED)屏为载体的实时反馈体系,现场人员可第一时间知晓摊铺信息。

为同时获得沥青路面的摊铺温度,以及横向温度分布情况,生产加工一型材模具,固定于摊铺机踏板处,型材长度与摊铺机摊铺宽度一致,且能随着摊铺宽度的变化进行伸缩;型材上设有温度传感器安装孔,安装孔间隔为10cm,可进行温度传感器安装位置的调整。5个温度传感器安装在型材安装孔中,安装位置可进行调整,确保安装位置分别对应摊铺机的中缝、挂杆、边缘位置;5个温度传感器按照信号转换的次序进行编号。

在摊铺碾压过程中,通过监控定位主机、压实传感器、转换器、车载引导平板等物联网设备实时采集水稳摊铺碾压过程中的关键数据信息。采用RTK控制系统,配合施工现场定位基准站、施工机具上的流动站,利用定位基站的差分信号,实现厘米级的定位,以及压路机轨迹的精准定位。采用水稳质量管控控制系统,对采集的关键数据进行实时分析和数据展示。通过车载引导平板将碾压实时分析数据展现给压路机操作手,指引其对漏压位置进行补压,对超压位置避免过压,并按照技术要求控制碾压速度。对于施工过程中出现的质量波动,在施工现场以声光警报提醒作业人员。沥青路面全过程信息化管控如图5-8所示。

图5-8　沥青路面全过程信息化管控

5.3.2.2　钢桥面铺装

针对钢桥面施工过程中沥青混合料铺装过程,对前后场质量控制关键参数进行全过程管控，监控混合料拌和过程中的级配、油石比、外掺剂、温度、拌和时间，运输过程中的时间、温度、轨迹，摊铺过程中的桩号、温度、速度，碾压过程中的速度、温度、遍数；以数字化方式串联每一盘沥青混合料拌和生产到铺筑全过程质量，提高钢桥面铺装质量。钢桥面铺装示意如图 5-9 所示。

图 5-9　钢桥面铺装示意

5.3.2.3　3D 智能摊铺

3D 智能摊铺技术，即将道路设计模型导入摊铺机机载控制计算机，摊铺机即可按照设计好的模型精准控制，实现路面施工作业的数字化，提升施工经济效益。

现场施工时，测量机器人捕获安装在摊铺机桅杆上的 360°棱镜的三维坐标数据，通过摊铺机系统上的数传电台实时将测量的棱镜三维坐标数据传输给 3D 摊铺自动控制系统的控制计算机，控制计算机将获得的坐标信息与设计卡中的三维数据进行对比，生成相应的高程修正信息并传递给摊铺机的找平系统。为实现摊铺的精确控制要求，另一台测量全站仪持续监测道路摊铺状况，真正实现过程控制施工，满足摊铺设计要求。此外，当原始地面出现坑洼导致摊铺机车身发生倾斜时，系统安装在桅杆上的倾角传感器对车身的姿态进行校正，使摊铺机车身的姿态始终与设计面相吻合，进而确保系统稳定性。3D 摊铺数字模型耦合如图 5-10 所示。

图 5-10 3D 摊铺数字模型耦合

5.3.2.4 无人压实

在压路机上配备现场实测、反馈控制系统,在沥青路面碾压过程中,根据碾压面与振动压路机相互动态作用原理,通过连续测量压路机振动轮竖向振动的响应信号,建立检测评定与反馈控制体系,实现对整个碾压面压实质量的实时动态检测与控制。通过收集钢轮主动施加给压实面的激振力和压实面反馈的抵抗力数据,对响应数据进行实时处理和评定,计算沥青面层压实状态。沥青路面无人压实原理如图 5-11 所示。

图 5-11 沥青路面无人压实原理

通过压路机上的传感器和数据传输设备,车载计算机实时采集处理压实数据,显示压实状态。压路机司机根据界面提示,进行压实工艺控制(补充碾压等);同时设备将相关施工数据(温度、速度、定位、压实值等)上传至监控中心和数据库。

5.3.3 典型案例

路面数字施工在江苏省应用较为广泛,路面施工数字化应用场景在高速公路路面施工过程中进行了全面应用。当前,全过程信息化采集路面施工技术已成功应用于所有在建项目(京沪高速公路改扩建工程、溧高高速公路、高宣高速公路、宿泗高速公路、仪禄高速公路、跨江大桥等);3D摊铺技术已在高宣高速公路、溧高高速公路、溧宁高速公路等高速公路中得到广泛应用;沥青路面无人数字施工技术在建兴高速公路沥青路面得到应用。溧宁高速公路沥青路面3D数字施工、建兴高速公路沥青路面无人数字施工分别如图5-12、图5-13所示。

图5-12 溧宁高速公路沥青路面3D数字施工

图5-13 建兴高速公路沥青路面无人数字施工

5.3.4 成效评价

路面施工数字化应用场景在高速公路建设过程中进行了全面应用,依托全省新建/改扩建高速公路,在路面施工、钢桥面施工等工序中覆盖率达100%,大幅提升了各项目的路面施工质量,实现了施工过程数字在线化、质量线上化、施工可视化,充分发挥了路面施工数字化在工程质量控制中的作用。3D智能摊铺技术在工程质量控制、安全管理、成本管控、进度管理等方面都有明显的成效,其中施工过程中平整度的合格率对比传统方式提升16%,纵断高程合格率提升7%,现场人力资源投入降低22%,综合经济成本降低18%。

5.4 水泥混凝土桥梁智能建造技术

5.4.1 技术简介

运架一体化即桥梁的上部结构(空心板、T梁、小箱梁等)和下部结构(墩柱、盖梁)均从桥上运输,采用架桥机吊装的方式,实现"不落地"施工,无须对预制构件进行二次装卸,简化施工步骤,利于施工组织。运架一体化具有以下特点:①无须大量地基处理;②逐孔作业需等待拼装构件到达一定强度;③预制构件在始发区起吊,通过桥面运输、运架一体化架桥机安装,全过程机械化施工,减少了现场人员的投入;④桥梁上下部结构可同时施工,提高了施工效率,工序衔接流畅紧密;⑤对周边环境影响小;⑥设备投入少,经济成本低,适用于长线工程。其中,立柱、盖梁、小箱梁均在标准化预制工厂生产,经验收合格后出厂,运至现场进行安装锚固,各工序已形成工厂化、流水化、机械化、标准化施工,主要包括预制立柱安装工艺、预制盖梁安装工艺、预制箱梁安装工艺、运架一体化架桥机过孔工艺等。全桥一体化施工总体施工流程为安装超前墩立柱、安装主跨小箱梁、安装超前墩盖梁、架桥机过跨、下一个施工循环。

5.4.2 关键技术

运架一体化架桥机主要由前支腿、前天车、前承重支腿、前辅助支腿、后承重支腿、后辅助支腿、后天车、主桁架、吊具、电气及液压系统等部件和系统构成。运架一体化架桥机与常规架桥机的主要区别在于前支腿。运架一体化架桥机前支腿需支撑落地,不能直接支撑在墩柱上,为减少地基处理的工序,需在前支腿底部设置牛腿,牛腿支撑在承台上。承台施工时设置预埋件,牛腿与承台通过精轧螺纹钢筋锚固连接。运架一体化架桥机在始发桥台上安装完成后,即可开始正常施工,其施工关键技术如下。

5.4.2.1 超前墩立柱安装

预制立柱由地面运梁车拉运至提梁站,再由提梁站门式起重机提升并换装至桥面运梁车上。桥面运梁车喂送预制立柱至架桥机尾部,至前天车能够起吊的位置停止。前天车吊起立柱的前端,与后运梁车同步向前行走,至后天车可以起吊的位置停止。后天车吊起立柱的后端,与前天车同步向前行走,当前天车行至接近超前墩的位置时,两天车停止行走。后天车将立柱底部缓慢下放至立柱接近竖直,将立柱底部落于地面。前后天车后移至立柱呈竖直状态,后天车将立柱底部吊具松开。前天车吊起立柱,通过前天车的纵横移将立柱安装到承台的预定位置。以同样的步骤安装另一根立柱。另一根立柱吊装就位时,必须采用钢筋定位胎架对后装立柱进行微调,确保两立柱的顶部钢筋实现精确定位,然后压浆连接,等强 24h 后拆除立柱顶部定位胎架。立柱安装如图 5-14 所示。

图 5-14 立柱安装

5.4.2.2 主跨小箱梁安装

预制梁同样由地面运梁车拉运至提梁站,再由提梁站门式起重机提升并换装至桥面运梁车上。预制梁由轮胎式运梁车喂送至架桥机尾部,至前天车能够起吊的位置停止。前天车吊起梁的前端,与后运梁车同步向前行走,至后天车可以起吊的位置停止。后天车吊起梁的后端,与前天车同步向前行走,直至预制梁纵向吊运到位。两天车同步落梁,离支座一定高度时,通过大车横移和小车横移将预制梁安装到预定位置。依次循环完成其余小箱梁的架设。小箱梁安装如图 5-15 所示。

图 5-15 小箱梁安装

5.4.2.3 超前墩盖梁安装

预制盖梁同样由地面运梁车拉运至提梁站,再由提梁站门式起重机提升并换装至桥面运梁车上。预制盖梁由轮胎式运梁车喂送至架桥机尾部,至前天车能够起吊的位置停止。前天车单车起吊盖梁向前运行。前天车将盖梁吊至 1 号、2 号支腿跨中时,启动吊具上的电动旋转功能。通过前天车上的电动旋转吊具将盖梁旋转 90°,并通过前天车的纵横移将预制盖梁安装到架好的立柱上方。通过管道压浆完成预制立柱和预制盖梁之间的锚固。盖梁安装如图 5-16 所示。

图 5-16 盖梁安装

5.4.2.4 运架一体化架桥机过跨

架桥机完成超前墩预制立柱和盖梁的安装后,在等强24h的时间内,架桥机开始过孔。架桥机架完盖梁,两天车退回初始站位状态。5号腿支撑,4号腿收起向前挂行1m到3号腿后方重新支撑。4号腿顶起,使3号腿悬空向前挂行一孔距离,至下一孔的站位位置重新支撑。2号腿收起,向前挂行一孔距离,至下一孔的盖梁上方重新支撑。4号腿再次收起向前挂行20m后重新支撑。架桥机主梁在2号、3号、4号腿反托轮的驱动下,向前送出30m,架桥机一次性过孔到位,锚固各支腿与主梁的连接,调整天车的位置,架桥机具备架设预制立柱、盖梁和梁的条件。

5.4.3 典型案例

一体化安装工艺适用于中小跨径混凝土结构的预制立柱、盖梁、箱梁整体安装施工,尤其适用于现场沿线生态保护区密集、环保敏感区多、河流芦荡密布、软土地质分布广泛,且桥梁占比高、标准化程度高、因高空施工受限影响预制构件架设等环境情况。

阜溧高速公路建湖至兴化段(简称"建兴高速公路")JHX-TZ3施工标段横泾河预制装配式桥梁施工率先采用一体式架桥机双幅整体安装。采用一体化架桥机完成全预制装配式桥梁全幅立柱、盖梁及小箱梁的整体架设,有效解决传统人工绑扎、现场浇筑与起重机+架桥机施工的缺陷,同时投入成本低、现场场地占用少、施工效率高、环保及安全性有保障。建兴高速公路一体化架桥机如图5-17所示。

图5-17 建兴高速公路一体化架桥机

5.4.4 成效评价

建兴高速公路 JHX-TZ3 标段采用一体化安装工艺,已经进行了 70 项排架施工作业,累计完成 1260 次预制构件安装。在安装的应用过程中,通过不断优化工艺,超前墩预制立柱安装、小箱梁安装、超前墩预制盖梁安装、架桥机过跨,一个循环预制构件一体化安装总体控制在 4d,较传统现场浇筑可至少节约 6d。采用一体化架桥机工艺,无须进行大量基础处理,安装后成品外观质量良好,锚固牢固,无外部破损情况,达到了桥梁立柱、盖梁、箱梁一次成型。

一体化安装工艺,提高了施工效率和架桥速度,简化了施工步骤,具有便于现场施工组织、无须大量地基处理、对地质条件具有良好的兼容性、高效经济等优点。

第 6 章
CHAPTER 06

跨江大桥智能建造技术

6.1 发展概况

公路基础设施的智能建造技术是信息技术、数字技术、新材料技术等新技术革命成果与传统基础设施建造技术的集成与深度融合。桥梁智能建造是在桥梁全产业链技术充分发展的基础上,面向"安全、智能、绿色"三大需求,充分融合数字化技术,以智能化为核心,实现智能设计、智能建造、智能管养、智能使用的新一代桥梁工程,其基本特征是工业化、数字化、智能化。

桥梁智能建造技术的研究和应用,是一个渐进的发展过程,第一代桥梁工程主要采用木、石天然材料,利用人工建成;第二代桥梁工程主要采用混凝土、钢材料,利用机械建造;第三代桥梁工程主要采用智能、高性能材料,通过智能的方式建设养护。例如,港珠澳大桥就采用了智能建造技术,用工业化"搭积木"方式建设大桥,呈现大型化、工厂化、标准化、装配化特征,实现钢箱梁工厂化预制、岛隧工程预制拼装。

近年来,江苏省全力推进常泰长江大桥、龙潭长江大桥、张靖皋长江大桥等世界级过江通道工程建设,将新一代信息技术与工程建设深度融合,推动交通传统产业和关联产业向高端化、智能化转型,实现公路交通更高质量、更有效率、更可持续、更为安全发展。

江苏省跨江大桥智能建造实践,一是探索了"点—线—面"数字化设计模式,构建智能建造底座;二是实现了由"场"到"厂"的转变,形成智能化、工业化建造模式;三是创新信息与工程的深度融合,丰富了智能建造场景。主要包括采用数字孪生技术,对桥梁工程建设过程中的设计、施工、运营维护等进行全生命周期管理,形成包含物理实体模型和虚拟空间模型在内的数字化虚拟环境;设置集现代化、智能化、信息化和机械化于一体的全封闭式构件生产中心,采用智能分拣机器人、焊接机器人等全自动加工设备,降低人工投入;基于物联网技术实现对桥梁构件的远程监控,将设计、施工、运维数据统一接入一体化综合管理平台,对构件进行远程实时监测,同时根据项目建设过程中的实际情况对桥梁工程进行实时监测;基于数字模型和海量数据,通过人工智能算法、机器学习算法等,对道桥工程进行智能化分析,完成对道桥工程的智能决策;以智能建造为核心,面向智能建造业务管理流程,以工程项目全生命周期的全要素作为主要对象,以信息化技术为手段,实现智能建造的数字化、网络化和智能化，降低项目管理成本。

目前，基于"1739 + N"的江苏省高速公路"数字交建"平台，江苏省已经搭建了数字顶层架构，为智能建造提供了强大数字底座。未来，江苏省高速公路的智能建造将聚焦全面实现全要素数字化、无人化、自动化的工业4.0时代，着力打造江苏省高速公路的"苏式交建"品牌。

6.2 沉井智能建造技术

6.2.1 技术简介

跨江大桥大型沉井基础施工具有涌砂、突沉的共性问题，其原因包括取土深度控制难度大，刃脚易脱空；取土效率低，难以满足控制需要；沉井隔仓节点大，支撑状态不明确；监测手段落后，难以做到实时控制等方面。为此，新一代沉井技术聚焦国产化智能取土装备研发、智能化监控系统平台搭建，全面提高沉井取土下沉施工智能化、信息化、可视化水平。

6.2.2 关键技术

6.2.2.1 创新钢沉井制造工艺

为实现三维模型数据与加工数据准确协同，基于Tekla三维模型和西格玛套料系统（SigmaNEST）进行自动排版套料、切割模拟，输出精确钢板采购清单、数控加工程序。通过利用可视化数控编程及数字化管理系统软件的直接读取转化功能，进行自动排版及数字计算机控制（NC）编制，实现3D模型数据与加工数据准确协同，以及三维图纸设计、加工一体化。钢沉井加工工艺如图6-1所示。

应用智能化加工设备，提升钢结构加工精度。应用节段拼装工法，通过专用的翻身工装、拼装胎架、调节装置，指导钢沉井节段总拼，保证节段尺寸精度。同时，运用智能数字化群控焊接技术，结合先进的焊接机器人和焊接管理系统，保证了节段优质高效智能化拼装。MICROBO全自动焊接机器人、智能焊接管理系统分别如图6-2、图6-3所示。

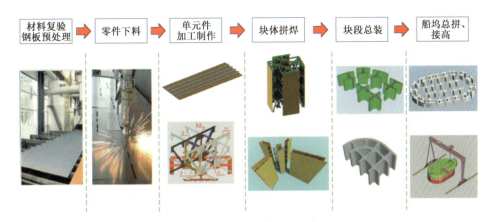

图 6-1　钢沉井加工工艺

图 6-2　MICROBO 全自动焊接机器人

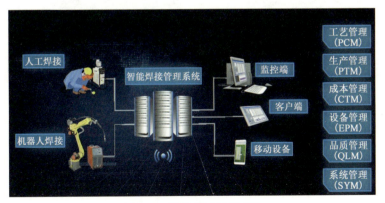

图 6-3　智能焊接管理系统

6.2.2.2　沉井"台阶式渐进"取土技术

沉井下沉采取边取土边在沉井夹壁中浇筑混凝土的下沉方式,协调内外井孔土体变形形态,确保沉井下沉姿态的稳定。同时,研发沉井施工智能取土装备,开发了设备集中控制系统,实现了吸泥设备沿预设路径自动移位、吸泥管高度智能化调整、取土深度精确控制、泥面高程自动测量、作业过程可视、作业数据可追溯等功能。

为实现沉井可视化下沉施工,引进水下扫测机器人,通过搭载声呐系统,将水下机器人下放到井孔内,在井孔内进行扫测,同时利用图像处理软件对扫测数据进行分析,从而实现沉井可视化下沉。双头绞吸机如图6-4所示,各类型机器人分别如图6-5～图6-7所示。

图6-4 双头绞吸机

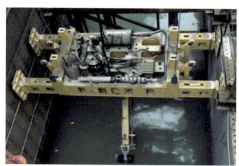

图6-5 水下定点取土机器人

图6-6 门式绞吸机器人

图6-7 履带式绞吸机器人

6.2.2.3 沉井下沉智能感知系统

采用沉井下沉智能感知系统+全过程主动分析控制系统——沉井监控云平台(图6-8),实现沉井的可控下沉。在沉井底部布置119个土压力传感器,侧壁布置72个侧向土压力传感器,沉井关键部位布置77个应力传感器,建立沉井下沉过程中智能感知系统。沉井监控云平台搭建了数据采集、分析、预警一体化控制系统,实现了沉井全过程主动分析控制,确保了沉井"可测、可视、可控"下沉。

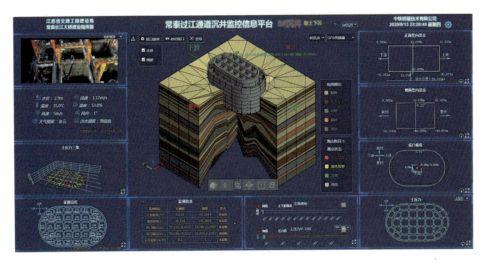

图 6-8　沉井监控云平台

6.2.3　典型案例

依托常泰长江大桥、张靖皋长江大桥开展大尺寸钢壳沉井建造,实现 BIM 三维模型数据与加工数据准确协同,实现钢材自动套料、数控切割,以及板单元、横架单元和零部件在主结构车间制造完成,转移至块段组装厂进行块段精确组拼,组拼后通过扫描二维码可查看块段制造过程的整个过程。

常泰长江大桥钢沉井在浮运过程中,通过在沉井固定位置安装北斗高精度定位设备,能够获取沉井实时运输位置与当前姿态信息,并结合 GIS 技术实现数据可视化,保证沉井安全运输至指定施工区域。沉井到达目标区域后,下锚初次固定,根据各点位与锚固点关系,指导相应下锚点调整锚缆力,辅助沉井高精度定位。

建立无线自动化数据采集网络,与智能传感器、水下三维声呐仪、取土控制系统等设备进行云端互联形成智能感知系统,对沉井各个施工阶段的重要参数进行监测与自动分析,及时掌握沉井结构应力、整体姿态及泥面支撑状态,为分析决策和安全预警提供信息。同时,构建"端—边—云"三层物联架构监控系统:终端以施工装备(含传感)为核心,边缘侧以数据分析处理为核心,云端为沉井取土施工集控系统,实现数据的自动分析与高效传递。

同步采用三维声呐系统对井孔进行全面扫描,生成全息效果的水下目标三维点云立体图像，监测基底地形及刃角埋深等情况。开发一套自动化后处理系统，实现自动降噪滤波、高程图例和量距、泥面盲区的自动拟合、井壁与泥面交线的自动提取等功能，实现水下地形实时、可视化监测。

此外，提出基于下沉机理与人工智能算法相融合的大型沉井下沉智能决策方法，构建目标姿态—端阻预测—对比分析—支撑状态高精度决策模型，实现取土施工的高效智能决策。研发智能化气举取土设备，实现吸泥口高程自动调整、沿预设路径自动移位等。研发机械臂水下定点取土机器人，实现沉井盲区定点、可视、可控取土。各种高新技术、设备的应用，大幅提升了沉井下沉"智能化"程度，减少了人工约60%，提高了取土效率50%，取土深度精度控制在±0.5m。沉井智能建造流程示意如图6-9所示。

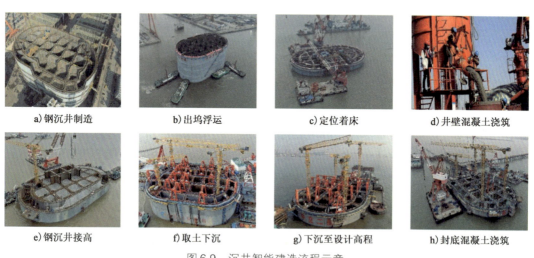

图 6-9　沉井智能建造流程示意

6.2.4　成效评价

钢沉井制造全过程，实现三维模型数据与加工数据准确协同。从钢材自动套料、数控切割以及板单元、横架单元和零部件在主结构车间制造完成，到转移至块段组装厂进行块段精确组拼，均实现生产过程数据在线预览，从而实现综合自动化焊接率提升40%、生产周期缩短35%、生产效率提升30%、运营成本降低15%等效果。

在沉井施工成效方面，沉井日均下沉量达45cm，下沉过程中倾斜姿态始终控制在1/150以内，沉井中心平面偏位约10cm。终沉精度平面偏位8cm，倾斜度为1/2200，底面中心偏差与网球直径相当。

6.3 节段梁智能建造技术

6.3.1 技术简介

节段梁自动化流水线生产技术是基于常规短线匹配法节段梁的预制新技术,将各工位分解,对标制造业流水线,在工位完成对应工序施工。其生产模式是以线上生产管理系统调动车间内平台及设备循环流转,以标准化工艺及自动化、智能化设备实现预制节段梁精细化、标准化流水作业,整个生产过程安全、高效、节能、环保。

6.3.2 关键技术

节段梁主要应用于过江通道引线混凝土桥梁,工业化、智能化程度要求更高,其主要技术包括以下几个方面。

6.3.2.1 节段梁预制工序有机重组

对标制造业流水线,细化节段梁预制关键作业工位设计,重点使台座"动起来",分析通过蒸汽养护的方式缩短预制台座上的混凝土等强时间、压缩工序间的等待时间,最大化提升产能、降低风险、提高质量。节段梁环形流水生产线布置如图6-10所示。

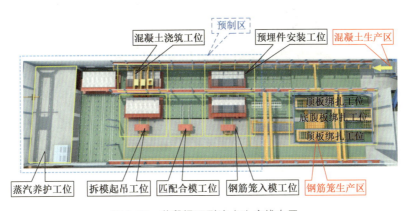

图 6-10 节段梁环形流水生产线布置

6.3.2.2 钢筋笼生产及入模

采用节段梁钢筋骨架快速成型技术。通过工业化程度更高的钢筋绑扎流水线,借助循环作业方式,提高钢筋骨架的绑扎效率,相较于传统 1 个预制台座配置 1 个钢筋绑扎胎架,配置 2 套钢筋绑扎流水线即可满足 8 个预制台座的钢筋骨架需求。钢筋笼绑扎完成后,采用车间内桁车悬挂专用吊具吊装入模,钢筋笼入模定位完成后,内模架连接内模移动靠拢,内模撑紧固定后内模与内模架分离,内模架返程原点位置,撤出骨架支撑杆,完成钢筋笼吊装入模。钢筋模板吊装、节段梁钢筋绑扎分别如图 6-11、图 6-12 所示。

图 6-11　钢筋模板吊装　　　　　　图 6-12　节段梁钢筋绑扎

6.3.2.3　智能化混凝土浇筑装备系统

常规节段梁混凝土浇筑质量控制难度较大,容易出现布料不均匀、欠振、过振及漏振等情形,通过系统集成混凝土搅拌、自动化运输、布料、振捣、收面等功能,应用自动化设备降低人和环境等随机因素对施工质量的影响,替代传统施工设备,压缩工序时间,实现节能减排、提质增效的目的。混凝土生产卸料如图 6-13 所示。

图 6-13　混凝土生产卸料

混凝土由专用搅拌机搅拌,搅拌完成后卸料至中转斗,中转斗由摆渡车摆渡至提升点,摆渡车精确智联搅拌与提升系统,实现智能往返。提升点配置自动提升与行走结构,中转斗可实现垂直与水平方向的匀速、稳定运动。中转斗移动至设定位置,卸料至数字化自动布料机内,数字化自动布料机内设六叶星轮及称重传感器,利用调节星轮转速控制出料量,并通过处理称重反馈值自动调整出料落差,实现数字化精准布料。布料时同步开启附着式平板振捣器,混凝土振捣密实,气泡充分排出。底板浇筑完成,布料机往返两侧腹板布料,采用插入式振捣结合附着式平板振捣器方式振捣。腹板布料完成后,布料机移动到顶板布料位置,沿梁宽方向分条带布料,采用阵列分布的排式振捣机振捣。振捣完成后,采用自动化收面机对混凝土进行复振和收面,将多出的混凝土赶平。混凝土轨道运输、排式振捣机分别如图6-14、图6-15所示。

图6-14 混凝土轨道运输　　　　　图6-15 排式振捣机

6.3.2.4 蒸汽养护

浇筑完成后,流转平台通过整体式横移车纵线流转至横移区,纵线移动到蒸养窑。整条流水线共设置4座蒸养窑,配备4台蒸汽发生器,窑内配置温湿度调节系统,可智能控制窑内温湿度梯度。梁段在蒸养窑内按设定程序蒸养,混凝土在高温、高湿的环境下养护,达到设计拆模强度后,移出蒸养窑,而后作为匹配梁再次进行二次蒸养,提高蒸养质量。自动蒸养如图6-16所示。

图6-16 自动蒸养

6.3.2.5 拆模起吊

蒸养结束后,纵线移出蒸养窑,经横移区摆渡至拆模起吊工位,如图6-17所示。流转平台就位后，进行梁段拆模，将匹配梁吊至修饰区修饰，将现浇梁吊至匹配工位。

图 6-17　拆模起吊

6.3.2.6　节段梁生产信息管理系统

开发节段梁生产信息管理系统，各工序作业及质量验收等内容集成于中枢控制系统，通过梳理施工秩序，引导施工流程，实现工序之间交接、流转的可视、可追溯，通过可视化看板实现生产过程贯穿式、透明化管理。节段梁生产关键环节控制如图 6-18 所示。

a) 指挥控制中心

b) 摆渡车控制系统

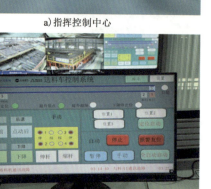

c) 送料车控制系统

d) 混凝土布料机控制系统

图 6-18

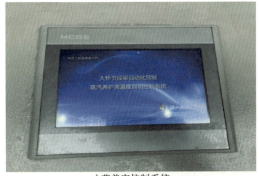
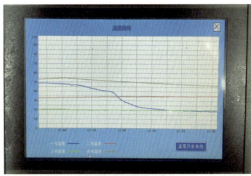

e) 蒸养窑控制系统　　　　　　　　　　　f) 蒸养控制曲线记录

g) 蒸养窑控制系统　　　　　　　　　h) 混凝土振捣机控制系统

图 6-18　节段梁生产关键环节控制

6.3.3　典型案例

近年来,节段梁自动化流水线生产技术在江苏省跨江大桥接线工程中得到广泛应用,其中在常泰长江大桥应用成果显著,率先在芜湖节段梁厂建成国内外首个节段梁预制自动化流水线预制生产车间。常泰长江大桥节段梁生产基地、节段梁生产管理系统架构、常泰长江大桥节段梁生产云工厂、常泰长江大桥环形节段梁生产线分别如图 6-19～图 6-22 所示。

图 6-19　常泰长江大桥节段梁生产基地

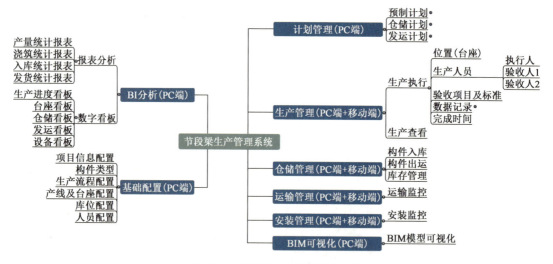

图 6-20 节段梁生产管理系统架构

图 6-21 常泰长江大桥节段梁生产云工厂

a) 预制厂总览

b) 钢筋加工区

c) 预制台座

d) 蒸养区

e) 信息指挥中心

图 6-22 常泰长江大桥环形节段梁生产线

6.3.4 成效评价

节段梁流水预制全过程融合了生产信息化云平台、RFID、工位机等物联网技术,实现节段梁全过程信息化管控。节段梁流水施工投入使用后,预制区土地占用减少70%,单榀梁预制效率提升2倍,作业人员数量减少40%,如图6-23所示。单榀梁钢筋保护层厚度合格率不低于95%,混凝土强度标准差不低于1.5,梁体外观A级合格率达到100%。

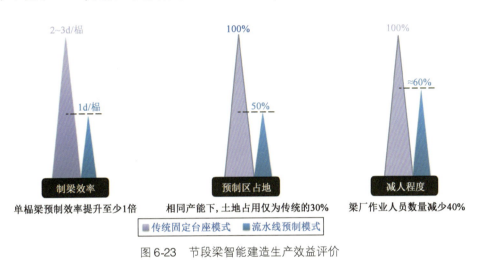

图 6-23 节段梁智能建造生产效益评价

智能匹配调节施工技术在提高匹配精度的同时可以缩短预制梁施工周期,提高模板的周转率和利用率,综合降低设备使用费。同时工序衔接紧凑,可降低人员等待损失,从总体上降低施工成本。现比较两片相同的节段梁施工时,采用传统方法和智能方法在效益方面的差异,结果见表6-1。

节段梁智能建造技术成效对比　　　　　　　表6-1

比较内容	传统工艺	本技术	本技术产生的效益
设备投入费	使用传统方法,无须投入智能设备	需要投入智能控制组件,存在研制和安装费、技术开发费用、零部件成本费用等	相较于传统方法,本技术额外增加的成本可摊销至每片节段梁的预制成本中
每片梁调节时间	需要1~2h	约20min	匹配效率高,为传统方法的6倍,可有效缩短工期,从而降低成本
人工费用	传统工艺用大量的人工,费用高	极少技术人员操作,无大批工人	节约人工费约18%
技术人员	传统测量需要至少5人	本技术只需1名技术人员和1名系统控制人员	至少节省技术人员3人

信息化管理以智慧梁厂管理平台为载体，以生产进度控制为主线，将节段梁预制生产过程中涉及的人、机、料、法、环全要素纳入智慧梁厂进行统一管理，实现预制梁厂生产智能化、进度控制可视化、仓储物流便捷化、物料跟踪精细化、构件跟踪信息化、指挥调度决策科学化。

通过智能化生产管理，各工序衔接更为顺畅，总体可节约工期约70d；通过物料订单式管理，节约钢筋及混凝土等材料成本约60万元；单条生产线可节约各类作业人员5人。

6.4　混凝土索塔智能建造技术

6.4.1　技术简介

混凝土索塔施工智能建造主要指通过信息化和智能化手段，采用智能钢筋部品化生产方式，将工厂化生产理念与混凝土主塔施工相结合。采用索塔液压爬模施工装备、智能化监测系统、数字孪生平台等技术，以及索塔施工现场的装配化快速组装工艺，实现索塔施工全过程施工质量的可视、可测、可控。混凝土索塔智能建造技术路线如图6-24所示。

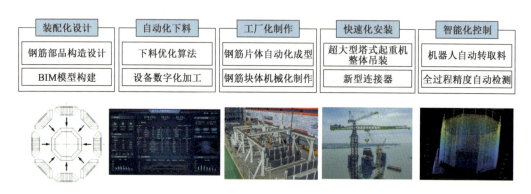

图6-24　混凝土索塔智能建造技术路线

6.4.2　关键技术

混凝土索塔智能建造关键核心技术包括部品化钢筋生产线和一体化智能筑塔机。

6.4.2.1 部品化钢筋生产线

为保证部品和半成品的加工质量,提高生产管理水平,适应钢筋集中加工和配送要求,通过信息化和智能化手段,打通钢筋加工生产各个环节。

①装配化数字化设计。基于数字化设计 BIM 模型传递,形成"片体—块体—部品"渐进理念的钢筋部品设计方法,如图 6-25 所示。

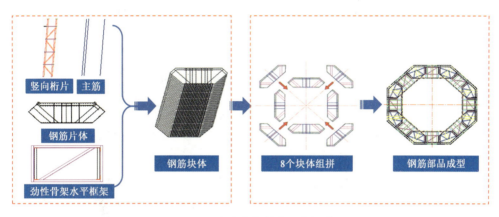

图 6-25 部品化钢筋装配化设计

②自动化下料。应用钢筋下料优化算法和设备数字化加工技术,实现钢筋自动化下料,如图 6-26 所示。

图 6-26 钢筋自动化下料

③钢筋片体柔性制造生产线。集无人自适应布料、机器视觉寻点自动焊接、无人转运与码垛功能于一体,实现超高变截面混凝土桥塔钢筋片体自动化快速加工成型,达到无人化、少人化目的。钢筋片体柔性生产线、基于视觉的寻点自动焊接分别如图 6-27、图 6-28 所示。

图 6-27　钢筋片体柔性生产线

图 6-28　基于视觉的寻点自动焊接

6.4.2.2　一体化智能筑塔机

将工厂化施工理念与混凝土主塔施工相结合,采用一体化智能筑塔机,解决塔式起重机爬升与模架顶升相互影响、爬升占用时间长、爬升措施投入大等制约超高塔柱施工的难题。

①采用自动布料、智能振捣、自动拆合模、智能养护等成套技术,形成适用于混凝土索塔的自爬升(附塔)安装设备及一体化智能筑塔机集成,实现进度可视化展示和信息化管理,提升施工信息化管理水平。通过实时测试体系,采集桥梁施工过程中所关注的各类数据信息。借助桥梁施工监控的计算分析体系,对采集的数据信息进行分析,可以对施工误差作出评价,并根据需要研究制定出精度监控和误差调整的具体措施。

②采用信息化、智能化施工监控系统,结合桥梁结构和施工特点,对施工期间的结构应力、线形、温度、临时结构应力、索力等内容进行有力的监控和分析,对监测结果进行实时展示,自动生成控制指令,保证实际结构在逐段施工过程中的受力和变形始终处在可

控、安全和合理的范围内。

③通过集成"监控、控制"类的应用系统,搭建混凝土索塔数字孪生平台,基于统一的数据分析、处理,实现真实场景数字化建模、施工过程动态化交互、关键工艺可视化模拟、施工风险实时化监测、施工质量精细化控制。索塔施工数字孪生监控平台如图6-29所示。

图6-29 索塔施工数字孪生监控平台

6.4.3 典型案例

索塔智能建造技术在江苏省内长大索承式桥梁中进行了应用,如常泰长江大桥、龙潭长江大桥、张靖皋长江大桥。

6.4.3.1 常泰长江大桥索塔智能建造技术应用

为提高超高混凝土桥塔施工标准化程度及工业化水平,常泰长江大桥创新性地研发了部品钢筋智能建造技术,打造了以"装配化设计、自动化下料、工厂化制作、快速化安装、智能化控制"为总体思路的部品钢筋智能制造自动化生产线,塔上单节段钢筋施工缩短至2d内,可减少高空作业人员人数60%~70%,通过标准化施工作业,提升了工程建设品质。

①钢筋单元件智能加工:开发钢筋智能加工云工厂,实现钢筋配料自动优化,钢筋单元件精细化、智能化生产。通过智能终端将加工任务无线发送至加工设备,自动执行加工

任务,张贴物料编码后堆叠存放。

②钢筋片体自动化成型:新研制了 PT6500 型钢筋片体柔性制造生产线,集无人自适应布料、机器视觉寻点焊接、无人转运与码垛功能于一体,实现超高变截面混凝土桥塔钢筋片体无人化生产,生产效率达 8 片/h,施工人员人数减少 50%。

③钢筋块体机械化成型:新研制了 KT6000 型钢筋块体柔性制造生产线,集成主筋整体穿插、片体机械化提升、倾角同步调整、机器人空间寻点焊接等关键技术,首次实现了大倾角变截面钢筋块体工厂机械化制作,制作效率提升 1 倍。

④钢筋部品全过程精度控制:研究钢筋部品精度自动测量技术,形成了钢筋单元件、片体、块体、部品全流程精度控制方法,实现钢筋部品成型精度毫米级控制,提高了桥塔钢筋施工质量,保障了工程品质。

通过应用智能钢筋部品施工系统,最终可以实现以提升钢筋生产效能为基础、以节约成本为目标、以支持施工进度为要求、以满足质量为底线的钢筋精细化和集约化生产,主要优势体现在以下方面:

①系统采用先进的优化断料算法,实现原材优化断料,提升原材出材率;及时把握原材、半成品、成品、余料和废料等用料情况,自动计算每期钢筋损耗量,有效控制原材使用量和钢筋领用量。

②采用 BIM 软件进行钢筋翻样并直接输出下料文件,提高钢筋翻样效率;通过手机、计算机或工位机让管理者掌握每个构件、每台设备甚至每条任务的实时加工进度,方便进行偏差管理,确保后场钢筋加工进度满足前场施工需求。

③钢筋加工任务直接通过平台下发到设备,数据传输准确无误,避免错误加工。

6.4.3.2 龙潭长江大桥索塔智能建造技术应用

龙潭长江大桥在部品化钢筋智能生产的基础上,基于塔柱施工移动式工厂的建设理念,应用混凝土索塔一体化智能筑造技术,研发集模架爬升、混凝土布料、辅助振捣、智能养护、应急避险和安全监控功能于一体的混凝土索塔一体化智能筑塔机,构建具备远程实施混凝土养护质量监测、人员安全监控、防火与避险等功能的超高索塔施工安全监测系统,形成索塔智能施工一体化成套技术。在单节塔柱施工进度达 1.2m/d 的同时,混凝土有效养护时间达 7d 以上,实现高塔混凝土的智能养护,为施工和结构受力安全提供保障。

一体化智能筑塔机具有以下主要创新点：

①混凝土自动布料：布料系统主要由2台布料机和布料平台组成，可满足塔柱全断面布料需求。

②混凝土自动振捣：布料平台下设有振捣系统，可实现振捣棒的自动下棒和拔棒，有利于提升混凝土内在质量。

③混凝土智能养护：养护系统由封闭围护幕布系统和热雾养护系统组成。其中，热雾养护系统包括温、湿度可调节的热雾生成设备，热雾均化引导管路，通过封闭的工厂化建造空间和智能养护系统，可以实现混凝土7d以上连续养护，利用热雾有效保证混凝土养护质量。

6.4.3.3　张靖皋长江大桥索塔智能建造技术应用

张靖皋长江大桥索塔智能化施工主要针对钢索塔，包括钢塔数字化虚拟预拼装、钢塔节段智能化高效装配施工、钢塔节段拼装自动化焊接等智能化技术。

①钢塔数字化虚拟预拼装：通过对钢塔各节段的三维数字测量，构建各节段三维逆向模型；通过与设计值的拟合比对，检查分析节段加工精度；根据节段加工精度，对塔柱轴线进行必要校正，使塔柱施工精度满足规范要求；在此基础上，对钢塔进行虚拟预拼装，不仅能有效预见实际拼装过程中可能出现的拼装误差，更可以利用钢塔的逆向数字化模型，通过对相关节段轴线、高程和扭转偏差等参数的调整，有效降低钢塔整体拼装误差。

②钢塔节段智能化高效装配施工：通过索塔节段智能拼装高精度匹配精调测控系统，自动监测钢塔节段吊装过程位置姿态，将感知监测数据反馈至数字平台，在塔式起重机操控室实时显示，辅助提示司机进行吊装操控，实现超重钢塔节段高空智能吊装及调位、快速匹配连接以及现场装配全过程智能施工控制。

③钢塔节段拼装自动化焊接：应用焊接机器人，可远程操控焊接机器人的行动，部署应用便捷化；焊接机器人自动识别和对中焊缝，焊接过程自动化，实时获取并传输机器人及焊缝信息，焊接过程信息可视化。

6.4.4　成效评价

在索塔施工成效方面，综合运用索塔钢筋部品化生产、装配化快速组装工艺和索塔液压爬模施工等关键技术,实现塔上人员数量减少60%,标准节施工进度达到1.0m/d,钢筋布料精度控制为3~5mm,钢筋保护层厚度合格率达96%,混凝土品质优、色泽均匀、无裂缝,提升了索塔耐久性和外观质量,全面打造无缝索塔。主塔四塔肢中心竖直度仅为1/66000,远小于1/8000的标准要求。新型液压爬模平台、W12000型上回转塔式起重机分别如图6-30、图6-31所示。

图6-30 新型液压爬模平台

图6-31 W12000型上回转塔式起重机

6.5 钢结构智能建造技术

6.5.1 技术简介

为充分发挥交通强国建设试点任务的先行先试和示范引领作用,加快推进钢结构智能制造示范线的建设,通过研发、引进、应用信息化系统及先进自动化制造设备,在钢桥制造中采用集信息化系统和数字化制造设备于一体的智能制造技术,开发自动化下料、焊接、涂装设备及工艺,实现钢桥全过程流水线制造,有效保证制造工效和质量。

6.5.2 关键技术

①在钢结构下料加工环节,基于三维BIM设计及自动化控制技术,实现钢结构板材智能下料三维模型数据与加工数据准确协同。融合板材切割下料管理系统与车间制造执行信息化管控系统,实现智能提料、排版、切割和报工等功能,达到半成品下料智能管控效果。钢结构生产全流程管理平台如图6-32所示。

图 6-32 钢结构生产全流程管理平台

②板单元采用智能化自动定位机床,实现焊缝部位的自动打磨和除尘,如图 6-33 所示。采用智能多头机器人焊接系统焊接,应用反变形船位焊接技术、电弧自动跟踪技术,有效保证焊缝根部熔合、内在质量和外观成形。采用智能化数控矫正机床,进行智能自动化机械矫正。

图 6-33 板单元自动化焊接

③杆件制造采用对接自动焊接专机、槽形焊接机器人、迷你焊接机器人等自动焊接设备,全面取代人工作业,实现各类短焊缝自动焊接、棱角焊缝自动焊接、杆件数控划线、双向数控钻孔等功能,如图 6-34 所示。

④钢结构总拼通过专用的翻身工装、拼装胎架、调节装置,应用节段拼装工法,运用智能数字化群控焊接技术,实现智能总拼,如图 6-35 所示。

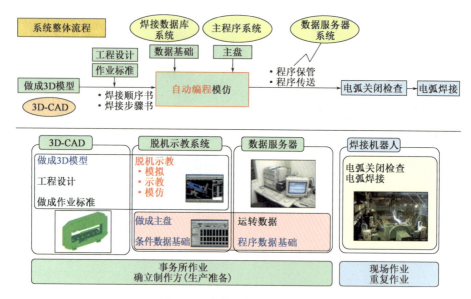

图 6-34　机器人焊接系统架构

图 6-35　钢结构总拼生产线

⑤喷砂、喷涂作业采用顶部天车式喷砂机器人、底部轮式喷砂机器人、悬臂式喷涂机器人、底部轮式喷涂机器人，通过 PLC 控制系统和在线视频监控系统实现自动喷砂、涂装监控，有效解决喷砂粗糙度、喷涂均匀性问题。图 6-36 所示为钢结构智能涂装场景。

图 6-36　钢结构智能涂装

6.5.3 典型案例

常泰长江大桥在钢桥智能制造中以工业化批量生产为目标,率先在国内建成首条钢结构智能制造生产线。智能制造生产线主要包括板材智能下料切割生产线、板单元智能制造生产线、杆件智能制造生产线和智能涂装生产线。

6.5.3.1 板材智能下料切割生产线

板材智能下料切割生产线由智能套料系统、网络数控切割设备、车间智能制造执行系统(MES)组成,通过内部局域网和信息管理系统,将智能切割设备、智能套料系统与 MES 服务器实时数据交互,自动生成下发 NC 程序、加工指令到切割设备,实时反馈切割过程数据到 MES,实现板件智能提料、智能排版、智能切割和智能报工,如图 6-37 所示。

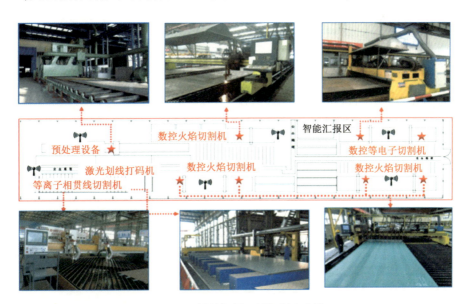

图 6-37 板材智能下料切割生产线

6.5.3.2 板单元智能制造生产线

板单元智能制造生产线由激光划线、切边一体机,U 肋组装机,喷码划线机,U 肋激光清洗机等自动化设备组成,应用 5G 网络将车间设备与智能制造信息系统联通,实现加工数据实时采集与反馈,达到桥面板单元 U 肋与面板的自动化焊接效果,从而以稳定的焊接质量提升桥面板单元抗疲劳性能。桥面板单元智能制造生产线如图 6-38 所示。

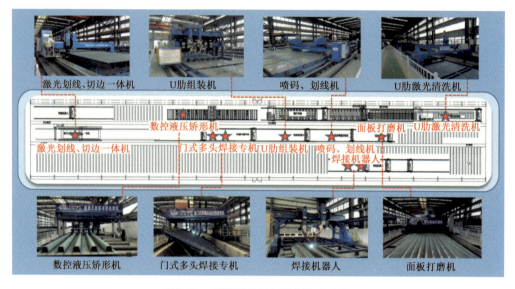

图 6-38　桥面板单元智能制造生产线

6.5.3.3　杆件智能制造生产线

杆件智能制造生产线由最新研发的悬臂式埋弧接料焊机、门式埋弧板肋自动焊机、槽形焊接机器人、门式箱形杆件埋弧焊专机、杆件数控划线钻孔一体机组成，其中对接自动焊接专机、槽形焊接机器人、迷你焊接机器人等自动焊接设备首次应用于国内钢梁，全面取代人工作业，实现了各类短焊缝自动化焊接，大幅提升了杆件生产效率和产品质量。钢桁梁杆件智能制造生产线如图 6-39 所示。

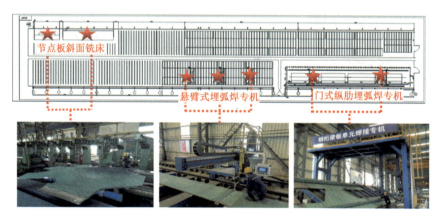

图 6-39　钢桁梁杆件智能制造生产线

6.5.3.4　智能涂装生产线

智能涂装生产线由顶部天车式和底部轮式喷砂机器人、悬臂式喷涂机器人组成，通过

PLC 控制系统和在线视频监控系统,实现对钢结构的智能化涂装,有效提升涂装质量,大幅提高涂装工作效率。钢桁梁智能涂装生产线如图 6-40 所示。

图 6-40　钢桁梁智能涂装生产线

6.5.3.5　钢结构生产管理平台

依托智慧工地管理系统,搭建常泰长江大桥钢结构生产管理平台,实现桥梁钢结构生产全过程、多角度可视化管理与统计分析。常泰长江大桥钢结构生产管理平台如图 6-41 所示。

图 6-41　常泰长江大桥钢结构生产管理平台

6.5.4 成效评价

钢梁钢塔智能制造技术的应用和示范线的建设,使得综合焊接自动化率由 50% 提升至 92.6%,智能喷砂效率相比于传统手工喷砂效率提升 5 倍,智能喷漆效率相比于传统手工喷漆效率提升 2 倍。企业生产效率平均提高 30%,综合运营成本降低 15%,同时把工人从重复、繁重的体力劳动中解放出来,改善了作业环境,达到了效率、品质、环保的建设目标。

6.6 缆索结构智能建造技术

6.6.1 技术简介

针对超长缆索吊重大、索力大,缆索牵引、压锚及张拉难度大等问题,研究缆索长距离大吨位梁端智能牵引工艺,缆索塔端为张拉端,采用先挂设塔端,再挂设梁端,最后在塔端张拉的施工方案。同时,在缆索架设过程中,通过智能化和信息化手段,自动监测缆索线形变化,根据施工情况实时调控缆索姿态。缆索数字施工原理如图 6-42 所示。

图 6-42 缆索数字施工原理

6.6.2 关键技术

6.6.2.1 锁夹螺杆紧固力智能检测技术

近年来,悬索桥索夹螺杆施工、检测等现场技术中均存在较大的问题与不足,多座大跨径悬索桥索夹在施工期间出现滑移或在成桥较短时间内出现索夹滑移、主缆钢丝外露等病害。尤其是在悬索桥跨径继续增大、主缆直径增大的工程背景下,索夹螺杆轴力更会因主缆的松散特点持续衰减,最终导致索夹滑移。为保障或提升索夹紧固的施工质量与安全性,基于螺杆轴力超声检测技术,实现施工索夹螺杆张拉工艺优化、施工控制与工后轴力快速检测。

通过螺杆轴力超声检测技术等有效手段,能够对大桥施工建设中的索夹螺杆进行快速、准确的检测,包括跟随螺杆张拉施工时的轴力快速测量与整个悬索桥施工建设期间的全桥索夹螺杆全覆盖测量,检测比例达到100%。另外,由于施工期间主缆初步紧固,内部间隙率较大,需要反复多次张拉,因此以轴力检测为手段的施工控制伴随整个施工期间。根据具体大桥主缆的实际情况,在现场进行索夹螺杆的张拉工艺测试优化与制定,达到有效提升索夹紧固质量、加快主缆收紧以降低索夹螺杆衰减速度的目的,最终实现索夹螺杆紧固施工的高质量与高标准。

6.6.2.2 无级可调长度新型钢锚杆锚固系统

无级可调长度新型钢锚杆锚固系统采用钢箱-核芯混凝土索塔锚固结构(SCAS)方式。钢箱-核心混凝土索塔锚固能够利用斜拉索的交叉锚固构造,将拉索索力转化为拉-压杆受力模式,以混凝土作为压杆,钢结构和钢筋作为拉杆,该锚固结构传力途径明确,受力合理,为拉索张拉提供了充裕的空间,也为大跨径斜拉桥索塔提供了一种新的锚固结构形式。SCAS 结构受力模式如图 6-43 所示。

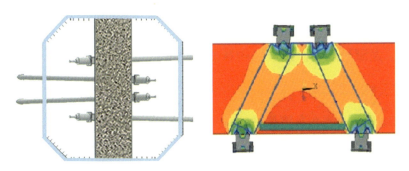

图 6-43 SCAS 结构受力模式

6.6.2.3 缆索智能牵引架设系统

缆索智能牵引架设系统采用立式放索机远端展索,通过塔顶门式起重机提升至索导管口，驱动专用吊具油缸，调节锚头角度与塔端张拉杆连接，完成塔端就位。通过对拽拉器进行智能化升级改造，获取拽拉过程张力、位置、视频等数据，并联动智能卷扬机，实现远程集中控制多台卷扬机联动，卷扬机故障时自动报警，超限自动停机，最终实现放索过程智能控制、避免对拉等异常情况的目的。缆索施工设备功能模块如图6-44所示。

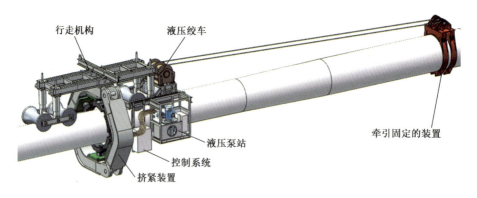

图6-44　缆索施工设备功能模块

缆索架设过程中，基于物联数据与实时监测，建立缆索智能控制系统，实时掌握缆索牵引姿态，并根据监测数据，建立环境参数与主缆空间线形之间的关系，从而实现索股线形精确测量与控制。

6.6.3　典型案例

缆索结构智能建造技术在江苏省内长大索承式桥梁中进行了应用，如龙潭长江大桥、张靖皋长江大桥。

6.6.3.1　龙潭长江大桥缆索结构智能建造技术应用

龙潭长江大桥上部结构主缆架设采用索股智能循环牵引系统，左右幅各布置1套，牵引卷扬机和放索机构布置在龙潭侧南锚碇后方，牵引索配重稳定系统设置在仪征侧北锚碇锚体后墙上，牵引索钢丝绳通过拽拉器首尾连接，形成闭环系统，由1台卷扬机的正反转实现索股的双线往复式牵引。

索股智能循环牵引系统采用全自动智能化设计，通过集成控制系统进行整体控制，实时感知牵引索张力、卷扬机的输入输出张力及索股拽拉力，对拽拉器进行实时定位；在卷

扬机、拽拉器、放索区域、塔顶等关键位置设置高清、防抖摄像头,实时远程查看索股牵拉情况。主要具有以下特点:

①牵引索闭环工作,卷扬机输入、输出的速度一致;配重系统保持牵引索稳定运行,无须人员跟踪观察锚头姿态变化,通过机械化换人、自动化减人、智能化无人实现索股快速架设。

②相比于双卷扬机往复式牵引系统,1台卷扬机正反转完成索股双线架设节能降耗,实现绿色低碳施工目标。

③采用5G信息传输和自动化控制技术,结合RTK技术,分段设定速度,实现索股智能、高效、安全架设。

④全过程视频监控索股牵引情况。

⑤自感知牵引索张力及线形的突变、预警,控制作业风险。

6.6.3.2 张靖皋长江大桥缆索结构智能建造技术应用

张靖皋长江大桥缆索智能化施工采用智能紧缆机,通过智能主缆圆度测量技术,以及油压位移双控高精度同步挤压控制系统,实现高精度紧缆,提高主缆紧缆圆周度,实现紧缆过程紧缆机工作状态远程视频、数据可视化实时监控,解决远程无法了解现场紧缆机运行情况及紧缆进度的问题。采用智能缠丝机,实时调整张力,确保缠丝张紧力恒定,解决主缆缠丝过程张紧力不稳定的问题,提高缠丝质量,实现缠丝过程缠丝机工作状态远程视频、数据可视化实时监控。采用智能放索系统,基于智能拽拉器与智能卷扬机联动的索股架设智能控制,保障索股牵引和放索同步协调,避免生拉硬拽,使缆索平顺通过障碍,并对缆索牵引架设全过程进行可视化监控和回溯,提高施工管理效率和质量。

针对主缆线形智能检测监测,基于全站仪机器人的大风大温差作用下超长索股线形智能测量,对风速风向、空气温度、主缆界面温度分布进行监测,并采用全站仪机器人对基准索股关键断面的绝对空间坐标进行实时测量;采用专用电子卡尺对一般索股与基准索股的相对位置进行高精度测量和记录;建立环境参数与主缆空间线形之间的关系,从而实现索股线形精确测量与控制,解决传统人工测量不实时、数据难追溯、环境影响难以定量考虑的问题。

主缆索股温度分布智能监测,通过对主缆内部索股的温湿度、内部空气压力及腐蚀情况的实时监测,根据监测指标变化,应用主缆除湿系统,实现主缆智慧除湿防护。智能放索场景及智能放索系统分别如图6-45、图6-46所示。

图6-45 智能放索

图6-46 智能放索系统

6.6.4 成效评价

桥梁缆索用钢丝的强度是工程设计的主要依据,包括抗拉强度和屈服强度。钢丝强度的提高,可以减少材料用量,降低桥梁缆索自重。据统计,桥梁缆索用钢丝抗拉强度每提高100MPa,可节约桥梁建设总投入1%左右的资金。常泰长江大桥碳纤维复合材料拉索如图6-47所示。

通过索夹螺杆轴力超声检测技术等有效手段,实现对现场已紧固索夹螺杆轴力的快速、全覆盖检测,精度在5%以内;根据以往较好的技术经验,通过现场研究测试制定的索夹螺杆张拉工艺,实现索夹螺杆的合格紧固,全桥螺杆轴力合格率达到98%以上,降低全桥张拉次数,缩短工期20%;通过对现场的典型索夹螺杆进行抽样跟踪检测,以及分析一期恒载、二期恒载施工对螺杆轴力的影响,得到该桥的索夹螺杆在施工期间的衰减规律,进行合理、高效的施工安排,最终实现施工全过程的索夹螺杆轴力控制,并有效降低成桥运营初期的索夹滑移风险。

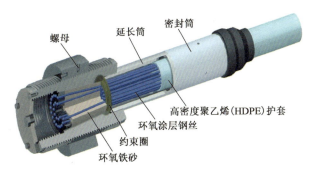

图6-47 常泰长江大桥碳纤维复合材料拉索

第 7 章
CHAPTER 07

过江盾构隧道智能建造技术

7.1 发展概况

随着机器人、传感器、云计算、大数据、人工智能、物联网等技术的迅速发展,地下工程领域迎来变革,其中盾构隧道的智能化施工是隧道建设的必然趋势和未来发展方向。目前国内外知名盾构生产、施工企业在盾构智能化方面建树颇多,特别是近年来国内盾构机械研制已达到国际领先水平。盾构隧道的智能建造技术发展包括以下几个方面:

(1)盾构掘进地质与设备信息智能感知

智能感知技术包括信息收集、识别、分析等,是盾构智能化链的重要组成部分。目前盾构施工过程中的设备状态感知在多项工程中得到成功应用,如刀具智能诊断系统、盾尾密封安全预警系统、超前地质预报系统。同时,由于隧道开挖地质复杂多变,施工过程中会随时调整,当前多种设备数据共享、多系统协调、多目标优化及施工参数自适应动态调控等还未成熟应用,因此,开发智能采集终端及配套软件自动采集数据,并结合多系统异构数据,进行多源信息融合的安全预警,以便及时获得客观合理的评价,是当前重点发展方向。

(2)盾构掘进数据挖掘分析

在盾构掘进过程中,会产生大量施工数据,同时也积累与盾构施工相关的知识和经验,但需要合适的信息管理平台,对海量、参差不齐的施工数据进行分类和管理。因此,应从海量数据中寻找规律,对可量化的盾构掘进参数指标进行统计分析和监测预警,从而减少盾构施工事故,确保施工安全推进。目前,盾构生产施工企业,在不断尝试探索建立集自动化技术、感知技术和人工智能技术于一体的智能运维系统,通过盾构大数据平台进行数据整理、查询、分组、聚合和计算分析,实现对盾构施工全过程的智能化监测和管理。

(3)盾构掘进决策控制

盾构各智能化系统的状态感知功能提升了数据采集、展示和信息共享等方面的效率,但在数据采集方面还存在数据标准不统一、难以自动处理分析数据等问题。在数据应用方面存在人工处理分析效率低下、决策定性分析较多而定量分析较少、决策过程与现场数据结合不紧密、决策过程效率低且难以抓准管控重点、决策分析准确度不高等问题。为解决上述问题,目前盾构隧道施工通过自动化数据采集、大数据分析,逐步制定了标准的安全生产管控分析与决策标准流程,并同步开发生产安全管理平台,实现数据采集、分析和预警自动化,在掘进速度预测、压力平衡智能控制、姿态智能纠偏等方面均有所应用。

7.2 明挖段智能建造技术

7.2.1 技术简介

明挖隧道施工过程中,由于土方开挖及重型机械的影响,土体应力发生明显变化,地下水稳定系统破坏严重,从而导致隧道围护结构产生应力变形,进而引起隧道基坑坍塌等严重安全事故,因此,监控量测在明挖隧道施工中起着至关重要的预警作用。此外,明挖段施工时涉及大量隐蔽地下工程,需要加强施工过程中的监控,保证各项工艺按设计要求进行。明挖段智能建造技术是指在隧道明挖段落,综合应用各类先进监测技术和智能算法,建立施工远程信息自动化监测体系,开发集成智能分析系统,对明挖过程中各关键工序、工点进行实时监控和智能分析,保障工程质量安全。

7.2.2 关键技术

7.2.2.1 地下连续墙智能施工

地下连续墙成槽施工采用液压抓斗成槽机,确保成槽端头的垂直度要求。直线槽段采用先两侧后中间抓法,转角槽段采用先短边后长边抓法;成槽过程中抓斗垂直导墙中心线向下掘进。成槽过程中运用超声波检测仪进行适时检测,测定地下墙垂直度及实际挖掘面的平整度,确保槽壁垂直度控制在设计范围内。采用200目钠基膨润土制备泥浆。分散剂选用工业碳酸钠,并适当添加入羧甲基纤维素钠(CMC)。完成清孔验收后,钢筋笼以单元槽段为单位整体就近加工,加工平台由10号工字钢制作,工字钢顶面高差小于5cm。

地下连续墙施工过程中,通过在相关机械设备、检测仪器上安装传感器、监控设备、数据传输设备等,远程实时查看地下连续墙成槽状态、槽壁检测状态,以及混凝土浇筑进度。

对槽段绕流情况进行监测,发出施工指令,实现地下连续墙施工可测、可视、可控,提高地下连续墙施工过程管控的时效性,让管理者直观了解现场施工进度与施工质量,并提供关键数据分析功能。地下连续墙智能施工如图 7-1 所示。

图 7-1　地下连续墙智能施工

施工过程中,基于 FGM/EFT Multisensor 技术对地下连续墙的接缝/墙体/底部区域的既有状态进行监测,如图 7-2 所示。该技术通过对地下工程发生渗漏时水中微弱离子的运动进行高灵敏度量测,从而探测复杂地下结构的渗漏情况。在渗漏情况下,即便是轻微的渗漏,也会由于水离子的运动,产生整个地层电场的变化,对于此变化,通过开发的多通道多传感器高精度量测系统,可以把握电场异常的位置,从而探得渗漏点。基坑开挖前,对探测得到渗漏点进行补强处理。

图 7-2　FGM 渗漏水检测系统

7.2.2.2　地基加固智能施工

明挖段地基加固涉及三轴搅拌桩、超高压大流量旋喷工法、型钢水泥土搅拌(桩)墙

(SMW)工法桩等技术,对隧道而言,需要对此类工法的深度、水泥量等严格控制。地基加固智能施工是对三轴搅拌桩、全方位高压喷射技术(MJS)工法桩、超高压大流量旋喷桩、SMW工法桩等施工控制进行记录,并构建地基加固智能施工监控系统(图7-3),采用智能化、数字化的计算机施工管理系统装置,实时监测、控制高压浆、水气的流量与地内压力,有效控制施工质量。超高压大流量旋喷工法桩施工流程如图7-4所示。

图7-3 地基加固智能施工监控系统

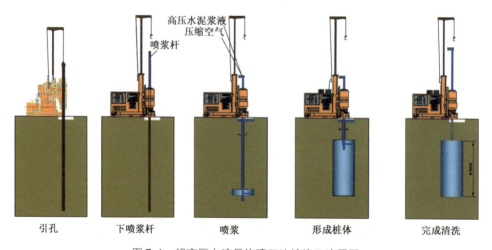

图7-4 超高压大流量旋喷工法桩施工流程图

7.2.2.3 大体积混凝土数字施工

混凝土采用集中拌和生产方式,应用智能化数控自动化拌和站控制系统及设备,自动监测每一盘混凝土原材用量、配合比、拌和盘数、拌和时长、生产方量、性能参数、误差率等。混凝土运输时,利用智能传感设备和移动端实时采集混凝土运输车辆或混凝土泵送设备的关键参数。混凝土浇筑时,自动监测混凝土浇筑方量、浇筑时间、外场温度等,并实时监测混凝土的液面高度。大体积混凝土数字施工环节管控如图7-5所示。

图 7-5　大体积混凝土数字施工管控环节

混凝土分区浇筑期间,对大体积混凝土的温度场和温度应力进行准确的预测分析,合理制定温控方案。同时,建立大体积混凝土温度智能监测预警系统,将监测技术、现场硬件设备、云平台等技术引入温控工作,配备高精度的传感器设备、无线通信技术,实现超大体积混凝土监测的一体化管理。浇筑时在主体结构底板、侧墙及顶板中布置测温点,利用信号线连接传感器,测量混凝土结构内部的温度变化。通过分析预警系统计算,当温度超过规定阈值时,对冷凝水系统进行调节,降低混凝土内部温度,将混凝土内部温度控制在规定范围内,同时实现对于集料、入模、养护各阶段的温度监控,联动冷凝水系统。大体积混凝土数字化施工技术的应用,能够保证混凝土质量,实现混凝土均衡降温,进一步降低温度梯度,减小温度拉应力,防止混凝土出现裂缝。大体积混凝土施工智能温控系统组成如图 7-6 所示。

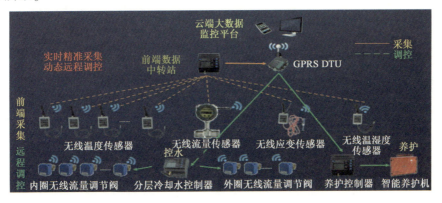

图 7-6　大体积混凝土施工智能温控系统组成

7.2.2.4 深基坑主动安全施工

深基坑安全作为明挖段施工的重中之重,是智能建造相关技术应用的关键点。基坑开挖时,通过天眼式视频监控系统、大数据监控系统,全天全方位监控、记录施工过程,将基坑变形速率、地下水位变化等数据实时反馈至地面监控指挥中心,若发现异常,可以及时报警,保障施工过程安全。应用基坑智能降水控制技术,自动化气动降水,具备自动控制、流量统计、即时渗水流速监测等功能,可以调节扬尘和出水量,实现数据传输、下载、远程控制、风险识别等功能。

基坑智能降水控制如图 7-7 所示。

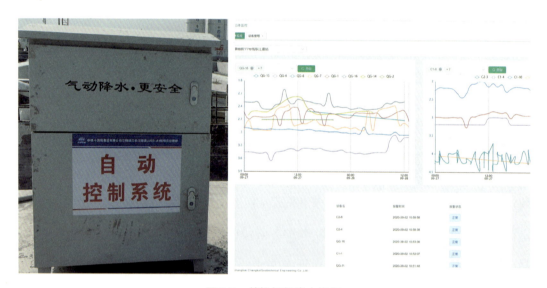

图 7-7　基坑智能降水控制

为保证基坑安全,引入钢支撑伺服智能系统,采用无线分布式泵站,独立控制各油路通道,对千斤顶进行油压和行程的双控,保证地下结构施工及基坑周边环境的安全。此外,钢支撑伺服系统可以实现 24 小时实时监控、低压自动补偿、高压自动报警,全方位多重保障基坑支护安全。

开挖期间应用深基坑自动化监测系统,对墙体深层水平位移、支撑轴力、地下水位、地下连续墙内力、墙顶竖向位移、墙顶水平位移等进行监测;实时监测工作井开挖过程中基坑的变形情况,为施工提供有价值的指导性建议,确保基坑开挖期间的安全。深基坑自动化监测系统可实现 24 小时监测,连续性高。恶劣天气下,仍能保证数据准时、稳定采集。

数据传输采用无线上传,监测平台自动计算,随时查看,省时省力,监测数据异常时可实现自动预警。深基坑自动化监测系统如图7-8所示。

图7-8 深基坑自动化监测系统

7.2.3 典型案例

明挖段相关智能建造技术在江苏省隧道施工中均有所应用。例如,海太长江隧道江北明挖段设计起点里程K55+160,终点里程为K56+000,基坑宽度为30.8~41.019m,基坑深度为0.241~22.074m,全长840m。采用明挖顺作法施工,支护形式主要采用围护桩(墙)+内支撑支护形式。施工过程中对基坑监测、智能降排水、钢支撑伺服控制等技术进行了集成应用。江阴靖江长江隧道明挖段根据项目设计线路、地层结构特点、建构筑物位置关系、施工工艺等,明确软土、富水超深基坑施工、盾构始发、接收施工、掘进及防水施工重难点。基坑开挖前,采用多传感器电化学法(FGM-ECR)渗漏水检测技术对地下连续墙结构进行检测。针对检测结果,对地下连续墙渗漏水部位进行预处理。

大体积混凝土技术在江苏省应用较为广泛,目前在苏锡常南部高速公路太湖隧道、江阴靖江长江隧道、常泰长江大桥、张靖皋长江大桥等项目中均有应用。其中,苏锡常南部高速公路太湖隧道建设过程中大体积混凝土应用于暗埋段全线的底板、侧墙和顶板,以及部分敞开段的底板和侧墙,应用规模达到$140 \times 10^4 m^3$。该项目运用结构混凝土抗裂性监测系统、分体式液压模板台车大体积混凝土施工,结合分段浇筑长度、入模温度、浇筑后保温保湿养护等施工工艺精细控制,采用超长超宽隧道现浇混凝土全过程精准调控收缩应力的新方法，结合数字孪生技术，动态调整工艺参数，全过程控制混凝土开裂风险系数低于阈值，形成了集抗裂性设计、混凝土材料制备、施工工艺于一体的堰筑法隧道混凝土裂缝控制成套技术方案，实现堰筑法超长隧道无贯穿性裂缝、无渗漏。大体积混凝土温控系统平台如图 7-9 所示。

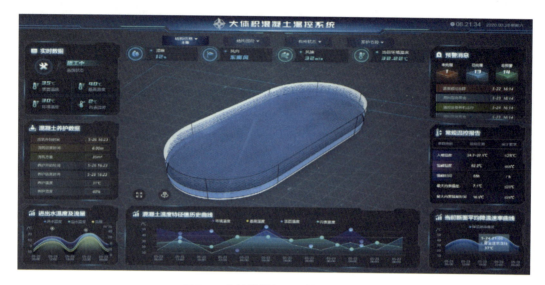

图 7-9　大体积混凝土温控系统平台

7.2.4　成效评价

明挖智能建造技术对地下连续墙、地基加固等隐蔽工程实行智能管控，基坑监测采用全过程信息化管理，利用先进的数据处理及管理平台，全面掌控项目的整体信息，在开挖过程管理的准确性、时效性和前瞻性等方面有着突出优势。

①结合项目 BIM 管理平台，对大量数据进行筛分、分层、分级、合理处理各项数据，保证数据真实准确。

②有效掌控基坑开挖变形、支撑、降水等信息的实时状态，将实时动态通过移动端进行实时传输，让项目各级管理人员能及时掌握基坑变化情况。

③根据反馈的数据信息，深入分析数据走向，掌握变化趋势，指导各单位提前做好预防措施，使得明挖段基坑变形能够在初期被及时发现、变形趋势能够及时预测，为基坑安全施工提供宝贵的应急时间，为项目的顺利实施保驾护航。

7.3 盾构管片智能建造技术

7.3.1 技术简介

盾构管片是盾构施工的主要装配构件,是隧道的最内层屏障,承担抵抗土层压力、地下水压力以及一些特殊荷载的任务。盾构管片是盾构法隧道的永久衬砌结构,盾构管片质量直接关系隧道的整体质量,影响隧道的防水性能和耐久性能。盾构管片智能建造指采用工厂化生产工艺,集中生产、集中运输,在生产过程中区别梁厂的关键点在于其对拼装精度、质量溯源以及混凝土的抗裂抗渗性能要求更高。

7.3.2 关键技术

盾构管片智能建造关键技术主要包括管片加工生产、养护与试拼装等。

7.3.2.1 超大直径预制盾构管片流水生产线

超大直径预制盾构管片自动化流水式生产是通过电机减速机驱动和平移小车使模具在轨道上循环经过各工位,从而实现脱模、合模、混凝土输送、灌注振捣、出模、养护等生产全过程,整个生产流程都在全自动控制下有序进行。

①砂石集料采取自动化清洁传送系统,保证原材料运转平稳、运力持续,同时节省人工、机械设备等成本。通过对水洗设备的监控,确保材料水洗效果,使原材料质量得到提升,对碎石原材质量控制的覆盖率可达100%。

②管片模具采用精加工成型,确保管片外形尺寸精准,同时使用管片三维激光扫描检测技术进行偏差检验,管片每生产200片,对模具进行全方位系统性检查,确保其尺寸精度。钢筋半成品采取集中配送方式,提高钢筋配送效率,降低物料损耗,并可减少人工投入。

③生产采用双通道独立窑循环流水线模式,周转快、占地小、质量控制精准。管片混凝土采取分层浇筑方式,避免混凝土离析、气泡的产生。每次布料不宜过多,由两头向中间分层布料,使混凝土在模具内均匀分布,待混凝土布料完成后自动启动高频振动装置,

避免模具空转。

④管片养护采用独立窑智能蒸汽养护系统,控制蒸养温度的升降并绘制温度曲线图,更易了解蒸养温度状况,及时调整蒸养温度。

⑤从养护窑出来之后,通过水养池温控系统控制管片水养时间与养护质量,保证管片混凝土的质量。

养护与管片流水生产线相结合,为浇筑完成的管片提供收面场所和蒸汽养护,加快混凝土强度提升速度,缩短浇筑周期,减少流水线长度,提高模板周转率。管片生产工厂化控制如图7-10所示。

图7-10　管片生产工厂化控制

7.3.2.2　管片生产管理信息化系统

管片加工生产智能化管控与节段梁类似,采用信息化系统与相关智能化设备实现工厂化智能建造,其关键环节在于对材料等信息溯源要求更高。管片生产管理信息化系统对材料进场—管片生产—养护—堆放—发运的全过程实行信息化监控,生产过程中为管片赋予唯一二维码标识,内含各工序施工人员、检验人员、原材检测信息,通过扫描二维码可对各工序进行质量追溯,对质量全过程的追溯由原来的零覆盖提升到100%。

管片生产系统与BIM协同管理平台有机集成,通过建设"掌上工厂"App,实时收发厂区情况,实现施工现场原材料、施工工艺、质量检测等全过程的数据自动化采集、分析与处理。生产过程涉及的各项参数,如浇筑时间、收面时间、蒸养温度、水养时间等的情况,由传统的人员记录改进为实时通过现场采集设备进行数据采集和上传,各涉及管控部门及单位可实时查看,生产过程中的质量控制以数据化的形式进行全过程监控,确保管片的生产质量。同时将管片生产系统、拼装信息与项目信息化管理平台有机集成,实现管片从生产到拼装的全程追溯与监管,以及预制管片的全方位信息化管理。管片生产企业资源管理(ERP)数字化流程管理如图7-11所示。

图7-11 管片生产ERP数字化流程管理

7.3.2.3 管片养护数字管控

管片混凝土浇筑完成后,静养时间一般在1.5~2.5h之间,再进入蒸汽养护阶段。蒸汽养护分为4个阶段,即静停、升温、恒温、降温。每个独立蒸养窑内设置蒸汽管路、温度传感器、蒸养窑密封装置等,实时将窑内温度传送至蒸养监控系统中,并通过蒸养系统调节蒸养时间、温度、气量等,配合其他子系统为各工序提供绑定数据,自动生成温湿度曲线图、仪表图、移动端查询结果,方便进行生产监督。通过管控系统的智能控制,管片升温速度每小时不超过15℃,最高温度大于或等于50℃;恒温养护时间不超过2.5~4h(根据不同季节确定),在恒温时相对湿度不小于90%,降温速度每小时不超过20℃。由于冬季与夏季起始温度不同,在蒸养时间上动态调整,尤其在冬季,智能控制好降温速率,避免由于降温过慢而使管片与室外环境温度相差过大。管片蒸汽养护智慧控制系统如图7-12所示,管片蒸汽养护智慧控制指标阈值见表7-1。

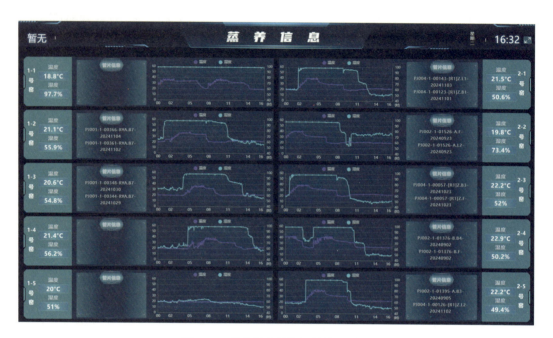

图7-12 管片蒸汽养护智慧控制系统

管片蒸汽养护智慧控制指标阈值 表7-1

序号	项目	参数
1	管片静停时间	2h
2	升温梯度	10~15℃/h
3	蒸养最高温度	≤50℃
4	恒温养护时间	≥2.5~4(根据不同季节确定)
5	降温梯度	≤20℃/h

同时,对蒸养成型的管片,利用垂直吊具将其吊入水养池进行水池养护,过程中避免管片与池壁、管片与管片之间发生磕碰,池内水面高程要高于管片高度,如图7-13所示。管片在水池中养护7d后再用门式起重机转运至堆场存放,在堆场采用人工洒水继续养护7d。整个过程利用水养池温控系统自动控制环境温度与水池水温之间温差在20℃以内,实现管片养护的精准控制,保障后续管片的抗裂和抗渗性能。水养池温控系统如图7-14所示。

图 7-13　管片入池水养

图 7-14　水养池温控系统

7.3.2.4　管片试拼装控制

管片试生产完成后进行三环拼装试验(包括螺母、螺栓和其他附件),采用智能化 3D 扫描设备对管片成品尺寸进行扫描检测,验证管片尺寸及其他参数是否满足设计要求,并进行试拼装精度检测。管片拼装采用同环、同模、同环号进行拼装,允许误差见表 7-2。

三环试拼装允许误差表　　　　　　表 7-2

序号	项目	检测要求	检测方法	允许误差(mm)
1	环缝间隙	每条缝测 6 点	插片	≤1
2	纵缝间隙	每条缝测 2 点	插片	≤1.5
3	成环后内径	45°夹角测 4 点	钢卷尺	±2
4	成环后外径	45°夹角测 4 点	钢卷尺	−2/+6
5	环、纵向接缝螺栓孔不同轴度	螺栓能顺利穿进	安装螺栓	—

管片拼装完成后,进行螺栓孔抗拔力试验与检漏试验。管片螺栓孔抗拔试验用于检验其在外部作用力下所能承受的最大荷载。根据管片重量及试验装置自重,采取分级加载的方法,对管片进行逐级加载,并对加载值、压力值等数据进行记录。检漏试验是将标准片通过螺杆夹紧固定在支承架上,通过加压泵进行分级加压,加压前后检查构件各端面的渗水情况,并做好记录。加压到 1.0MPa 水压力后,恒压观察 3h,如构件各端面均未发现渗水现象,且渗水线不超过 5cm,则认为符合抗渗强度等级为 P15 的要求。管片尺寸激光 3D 扫描检测如图 7-15 所示。

图 7-15 管片尺寸激光 3D 扫描检测

7.3.3 典型案例

江阴靖江长江隧道工程 2022 年实现全年生产 1784(环)、发运 1836(环),全过程采用同环、同模、同环号建造模式,全过程实行工厂化流水线生产,每个工艺环节借助智慧方式进行控制,实现全过程质量与生产数据同环溯源。管片生产基地总体布局、管片生产智慧工厂平台分别如图 7-16、图 7-17 所示。

图 7-16 管片生产基地总体布局

图 7-17　管片生产智慧工厂平台

7.3.4　成效评价

江阴靖江长江隧道池州管片厂采用全过程信息化管控平台,融合同环、同模、同环建造模式,将水灰比误差百分比控制在 0.5% 以内,振捣均匀度较常规工艺由 19.4 提升至 24.5,温控误差由传统 4.0% 下降至 2.5% 以内,成品保护层厚度合格率由 90% 提升至 96%,并在节地、减人化方面具有显著成效。

7.4　盾构机掘进智能监测技术

7.4.1　技术简介

盾构机是隧道掘进的专用工程机械,也是盾构隧道最为关键的装备,集光、机、电、液、传感、信息技术于一体,具有开挖切削土体、输送土渣、拼装隧道衬砌、测量导向纠偏等功能,涉及地质、土木、机械、力学、液压、电气、控制、测量等多门学科技术,且可按照不同的地质情况进行"量体裁衣"式的设计制造,可靠性要求极高。

盾构施工中存在大量施工信息,如盾构掘进姿态、盾构正面的土压力、各承压系统的压力、推进行程和速度、螺旋机转速、刀盘转速、同步注浆的压力和流量、千斤顶的状态等施工参数,建立信息化管理监测系统,实现盾构过程信息化、智能化管理是隧道盾构施工的发展趋势,将不断提高我国盾构施工水平和能力。盾构掘进智能监测系统利用计算机信息技术,将信息技术与隧道施工、盾构设备及工程项目管理中的海量数据有机结合,是推动盾构施工信息化发展的必要手段。

为保障盾构机在隧道掘进施工过程中安全、及时地获取有效盾构掘进监测数据,准确有效指导盾构掘进施工,对掘进土体参数、刀盘刀具等装备、盾构机姿态参数、同步注浆等进行实时监测。盾构机示意图如图7-18所示。

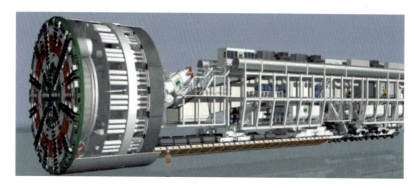

图 7-18 盾构机示意图

7.4.2 关键技术

盾构机在隧道盾构掘进施工过程中主要采用以下技术。

7.4.2.1 盾构掘进监测

通过在盾构机上集成的传感设备对盾构机掘进工作实时状态数据进行采集、自动分析、自动预警。盾构掘进监测内容主要包含导向系统、掘进形同、泥水循环等,其中导向系统主要监测盾构机前后端姿态情况(水平差、垂直偏差)、盾构滚动角与仰俯角等。

通过将掘进信息直观地展示和反馈给用户,方便用户操作和指导掘进,自动完成盾构设备参数和施工参数的采集、整理和记录,从而实现盾构信息化施工,即在施工过程中运用信息的收集和反馈,及时调节施工参数,从定性指导转为定量指导盾构的施工,清晰地反映盾构机掘进过程的所有掘进参数数据,实时提供盾构参数变化趋势和报警信息,提高信息共享效率和盾构掘进工作效率。激光导向系统监测示意图如图7-19所示。

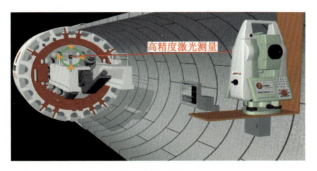

图 7-19 激光导向系统监测示意图

7.4.2.2 刀盘刀具监测(图 7-20)

图 7-20 刀盘刀具监测

J1-肩部摆动关节;J2-肩部俯仰关节;J3-肘部俯仰关节;J4-腕部俯仰关节;J5-腕部摆动关节;J6-腕部旋转关节

隧道盾构工作环境复杂,在掘进过程中会遇到不同地层,刀具在不同地层条件下磨损规律不同,如遇到砂卵石地层、复合地层时,刀具磨损速度快且易产生异常磨损,也容易造成刀盘的磨损,影响设备的工作性能。此外,位于江河湖海下方的隧道,由于承受较高水压力而换刀更困难。

刀盘上的刀具属于易损易耗件,且成本较高,在掘进过程中,刀具的检查、维修、更换都很困难,换刀过早会造成资源的浪费,换刀不及时会造成或引起周边刀具的剧烈磨损,导致周边刀具失效甚至刀盘失效。此外,盾构机刀盘温度、总推力、刀盘转速等在隧道盾构掘进过程中,也会发生异常或超限。因此,及时更换已达磨损极限或异常破坏的滚刀,实时监测刀盘的使用状态,对盾构机掘进速度、掘进效率以及施工成本至关重要。

采用盾构刀盘状态监测系统,可在线实时准确测量运行过程中盾构机刀盘上滚刀的磨损程度、刀盘转速、总推力、扭矩、刀盘温度及掘进速度,并将数据有效地传输,实现刀盘工作状态的监测,为盾构优化施工、换刀方案的实时调整、施工辅助措施的选择提供解决方案,避免盾构施工过程中重大事故发生。盾构刀盘状态监测系统具有重要的经济效益与社会效益。

7.4.2.3 盾尾间隙监测

盾尾间隙是盾构施工时衬砌环外径与盾构机壳体内径之间的距离。当盾尾间隙超过允许范围时,将会导致盾尾与管片发生过度挤压而加速盾尾密封刷的磨损,甚至造成与设计轴线发生偏离的情况。因此,有必要对盾尾间隙进行监测,及时对盾构机姿态进行控制和调整,以避免盾尾间隙过小引起管片破裂。

通过自动测量盾尾间隙系统测量出盾尾间隙,管环选型系统考虑隧道设计轴线、管环设计、盾尾间隙、油缸行程、机器姿态与方向等,选出最优的管片选型点位。同时,在盾尾间隙监测系统的协助下,现场人员无须在盾构机盾尾附近进行盾尾间隙的手动测量工作,可以降低人员的安全隐患。盾尾间隙监测原理如图 7-21 所示。

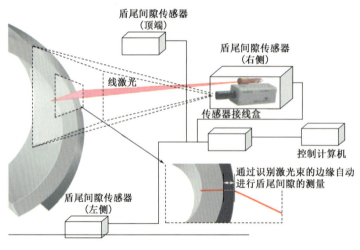

图 7-21　盾尾间隙监测原理

7.4.2.4 泥水循环监测系统

泥水输送系统是将新浆和调整浆通过泵与管道输送至盾构开挖面。刀盘切削下来的干土和水合成的泥浆,通过泵与管道将泥水送往地面的处理系统进行调整。泥水输送系统主要由泵、阀、管道及配套部件等组成,通过泥水监控系统进行自动化操作。因送入掘削面的泥水黏度、密度均不大,故尽管盾构的掘进距离增大,送泥管的长度也不断加长,但是送泥管中的泥水压力下降极小,所以送泥管道通常不设中继泵。但携带掘削土砂经排放管道输至地表的泥水,由于该泥水的密度、黏度均有较大幅度的增加,所以流经管道时的内壁摩擦阻力较大,即排放压力损失大,致使排泥压力下降。为防止该压力下降,需在管道途中设置中继泵,保证排泥通道的通畅。

采用泥水循环监测系统,主要是监测进浆和排泥的密度、压力、流量数据及盾构工作仓压力机液位实时情况,以便及时向开挖面密闭舱提供掘进施工需求的泥浆,用优质膨润土配制的泥浆的相对密度、黏度等技术指标必须满足在高透水砂层中形成泥膜和稳定开挖面的要求,同时及时把切削土砂形成的混合泥浆输送到地面进行分离和处理,再调整利用回收的泥浆。

7.4.2.5 壁后注浆实时监测

隧道多采用盾构法施工,盾构法施工使隧道与地层间形成了一定的空隙,若通过壁后注浆技术进行充填,侧壁后空隙的充填往往存在不及时或不密实现象,如果不能及时发现,会导致隧道施工期间出现隧道成型质量差、地表沉降等问题,还会在运营期间出现隧道不稳定、隧道渗漏等。

采用同步注浆实时监测系统,利用探地雷达进行同步注浆实时监测,给盾构机加上一双智慧"眼睛",从而提高工程的安全性和施工效率。

探地雷达与盾构机相结合,当盾构机在前进作业时,探地雷达利用波的反射原理对隧道管壁情况进行实时探测,由于水和混凝土对电磁波的反馈不同,通过探地雷达实时扫描,可以准确判断管片与土体间的介质组成,更准确地判断管片背后注浆材料的填充情况。盾构掘进过程中,同步注浆实时监测系统将浆液及时送达盾构外壳和管片背部之间形成的建筑空隙中,从而使脱离盾尾的管片依附浆液在周围土体间及时获得支撑,以防止管片周围土体的坍塌,控制地表的沉降;如果壁后出现漏水、空洞的情况,可以及时进行二次补注浆,这将大幅提高施工安全性和效率。壁后注浆监测如图7-22所示。

7.4.3 典型案例

江阴靖江长江隧道采用16m级超大直径盾构机,助力大国重器国产化。国内首次攻克长距离不换刀、盾尾刷光纤磨损检测世界级难题,研发的同步双液注浆、超前地质探测等技术达到国际领先水平。

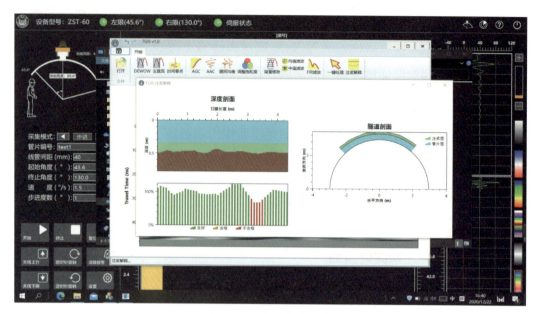

图 7-22　壁后注浆监测

盾构掘进施工过程中,采用管片上浮自动监测系统对管片脱出盾尾后上浮情况进行监测;采用刀具磨损自动检测系统,实时对刀具的磨损状态进行监测;在不同探测频率、不同龄期下,利用同轴探头法和网络分析仪测定新型壁后注浆材料及各类典型地层的介电常数和电导率等参数。此外,通过浆液分布智能识别系统,对检测结果进行图像处理和识别,实现对注浆效果的可视化展示;利用超前地质探测系统,对掌子面前方 40m 内的异常物体进行测量,有效探测盾构机前方异物,发现情况及时处理。江阴靖江长江隧道管片壁后注浆监测以及盾构掘进数字施工系统分别如图 7-23、图 7-24 所示。

图 7-23　江阴靖江长江隧道管片壁后注浆监测

图 7-24 江阴靖江长江隧道盾构掘进数字施工系统

7.4.4 成效评价

江阴靖江长江隧道采用了多项先进盾构机掘进智能监测技术,取得了良好成效。整个盾构掘进施工中,管片上浮量控制在 -5~5mm 之间;管片脱出盾尾后椭圆度控制在 3‰ 以内,管片错台量主要集中在 5mm 以内,占比为 95%。壁后注浆检测结果显示,管片背部同步双液注浆填充密实,密实度达 100%。成型盾构隧道管片无破损、无渗漏,完成了"建设一条滴水不漏隧道"的建设目标。

借助刀具磨损系统精准预测刀具换刀时机,借助 SSP-E 系统提前预制地质地层变化,精确控制掘进参数,使得江阴靖江长江隧道始终保持平稳、快速掘进,平均日掘进进尺 12.6m,满足施工预定目标。

7.5 管片拼装与智能施工

7.5.1 管片拼装

传统的管片拼装主要依靠熟练的技术工人手动控制遥控器完成,但随着隧道直径越来越大,相应管片的尺寸和重量不断增加,管片所需安装的位置也越来越高,导致手动管片搬运与管片拼装的风险性增大,现场施工越来越危险。而采用自动化拼装技术将会大幅降低隧道施工的风险,降低人员成本和工作强度,减少错缝拼装、碎管片等情况的发生,不仅有利于提高管片的拼装效率,而且随着技术的不断完善,也会比手动拼装管片大幅节省隧道施工的时间。

自动化管片拼装是指盾构机将自动输片的装置输送到管片夹持锁紧,通过升降油缸来提升管片,平移机构会提起管片移动到拼装的横断面位置,回转机构将这一管片旋转到管片安装的径向位置,完成管片在隧道中的初步定位。通过偏转油缸、俯仰油缸以及举升油缸等不同的伸缩微调来定位,等待装管片的螺栓孔与前一环、前一片管片的螺栓孔同时对齐时,一环管片安装完毕,利用螺栓将环向与轴向相邻的管片按一定的力矩开展衔接,实现管片的拼装。盾构管片拼装示意图如图 7-25 所示。

图 7-25　盾构管片拼装示意图

自动化管片拼装主要使用盾构自动化拼装系统,该系统由传感器(机器视觉系统、激光传感系统等)、PLC 和上位机(计算机)组成,自动化系统替代人工对盾构的拼装作业进行控制,如图 7-26 所示。

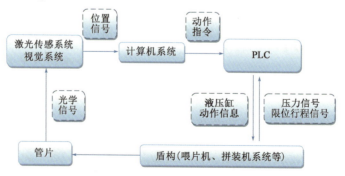

图 7-26　盾构自动化拼装系统

传感器负责采集拼装管片和执行机构的位置信息。在盾构自动化拼装系统中,由机器视觉分析系统和激光传感器组成的传感系统构成了自动拼装机的"眼睛",用于代替人的眼睛,实现对管片信息的测量与判断。

PLC负责接收动作指令,对动作指令进行逻辑与安全性判断,并转化为执行机构的控制信号。

上位机(计算机)负责传感器数据信息的转化以及动作指令的下达。

7.5.2 智能施工

自动化拼装施工主要包括喂片、管片抓取、粗定位、细定位和人工穿螺栓等主要步骤,如图7-27所示。

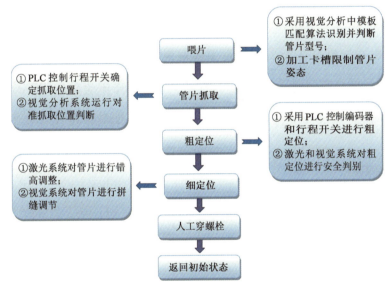

图7-27 自动拼装施工主要过程

7.5.2.1 喂片

通过上料(人工操作管片起重机将管片放置在喂片机上)—上架前行送料(当收到PLC判断的顶升下降限位和上架后退限位信号后,喂片机上架前行至限位时停止)—下料(拼装机通过真空吸盘抓取管片)—返回(接收到管片抓取完成信号后,喂片机顶升液压缸到上升限位,上架空载返回接料)—上料(收到上架后退限位信号后,顶升液压缸下降至顶升下降限位,准备进行再一次接收管片)等流程,不断重复进行喂片机的喂片动作。

7.5.2.2 管片抓取

管片输送到位后，拼装机向喂片机方向滑动，通过拼装机滑动液压缸的行程传感器判断，使其旋转后真空吸盘滑动至管片正下方。通过编码器和原点限位判断，PLC 控制拼装机向下旋转至管片的正下方。管片抓取示意图如图 7-28 所示。

图 7-28 管片抓取示意图

拼装机上带有行程传感器的红蓝缸(真空吸盘)下降，通过加装在真空吸盘上的激光位移传感器判断真空吸盘与管片的距离。当真空吸盘与管片贴合时，进行抽真空操作，当真空度达到 80% 时，吸盘自带的 PLC 控制系统将发出"提升许可"指令信号，表明管片抓取完成。PLC 收到"提升许可"指令信号后，红蓝缸上升(缩)一定距离，拼装机滑动缩回，拼装机旋转。此时，相应的推进液压缸回缩，管片到达对应的角度，红蓝缸伸出，滑动液压缸微伸，通过相机和激光传感器判断管片是否贴合。管片与洞壁及相邻管片贴合后，推进液压缸伸出，顶住管片，抓取流程结束。

7.5.2.3 粗定位与细定位

管片抓取过程中，通过编码器、行程开关等对一些动作路径进行粗定位，而在动作过程中，利用激光系统和视觉分析进行细定位，实时反馈待拼装管片的边缘情况，保证粗定位到达预定位置且不会碰撞周围物体，由此提高动作的安全性和准确性。

7.5.2.4 人工穿螺栓及返回初始状态

当管片抓取流程结束，人工进行穿螺栓操作。螺栓固定完毕后，真空吸盘释放，真空度降低到 30% 时，给出"脱离许可"指令，红蓝缸缩回，拼装机旋转回到原位。

7.5.3 典型案例

南京燕子矶长江隧道(工程名南京和燕路过江通道隧道)是《长江经济带综合立体交通走廊规划(2014—2020 年)》中新建城市道路过江通道规划重点项目,由南京市公共工程建设中心实施建设,中交隧道工程局有限公司负责右线隧道施工,全长约 5.723km,其中盾构段长约 2.965km。该项目采用的盾构自动化拼装技术结合高精度的机器视觉和激光三角测量等高速、非接触测量技术,实时准确提取拼装机和管片的空间姿态信息,并以此信息为依据,通过 PLC 控制拼装机在 6 个自由度的动作,以及上位机进行信息的收集转化和指令下达,实现喂片、管片抓取、粗定位和精定位等一系列管片拼装动作的自动化。南京燕子矶长江隧道建设场景如图 7-29 所示。

图 7-29 南京燕子矶长江隧道建设场景

7.5.4 成效评价

南京燕子矶长江隧道采用的盾构自动化拼装施工技术,不仅减少了人工操作,提高了拼装效率,而且创造了箱涵拼装精度达到 3mm 内的行业高水平以及管片错台量控制在 4mm 的佳绩,极大地保障了该项目管片拼装工作的安全高效进行。

第 8 章
CHAPTER 08

实践案例

8.1 沪武高速公路扩建工程

8.1.1 项目简介

沪武高速公路太仓至常州段（G4221）是沪武高速公路的重要组成部分，其中苏沪界向西至董浜枢纽段为与沈海高速公路（G15）共线段。本项目是《江苏省高速公路网规划（2017—2035 年）》中"十五射六纵十横"中"横八"线的重要组成部分，连接江苏南部和上海，是江苏省与上海市的主要出入通道之一。

既有高速公路于 2000 年开工建设，2004 年全线建成通车。现状苏沪界至浏河大桥北桥头段为双向六车道高速公路，设计速度为 100km/h，路基宽度为 34m；浏河大桥北桥头至董浜枢纽段为双向六车道高速公路，设计速度为 120km/h，路基宽度为 35m；董浜枢纽至常州南互通段为双向四车道高速公路，设计速度为 120km/h，路基宽度为 28m。

此次扩建工程路线起自浏河大桥苏沪界，接沪武高速公路上海段，向西经太仓、常熟、张家港、江阴、惠山、武进，止于常州南互通，接沪武高速公路常州至南京段，全长 134.865km。全线采用两侧拼宽为主的总体扩建方案，其中太仓北枢纽至董浜枢纽段扩建为双向十车道高速公路标准，其余路段扩建为双向八车道高速公路标准，设计速度为 120km/h。沪武高速公路扩建工程是江苏省单体投资规模最大的高速公路改扩建工程，概算投资约 360.5 亿元。本项目将高质量打造新一代十车道高速公路改扩建样板、交通运输科技示范工程，建成"全周期低碳、全天候通行、全数字运营、全过程安全、全方位服务"的未来高速公路新样板。

8.1.2 智能建造应用

针对本项目点多、线长，参建单位地理分布广；软基处理量大，对质量管控要求高；沿线互通、枢纽密度高，改造控制因素多；车流量严重饱和，交通组织极其复杂；途经长三角经济发达区域，环保要求高等特点，沪武高速公路参建单位全面应用智能建造技术，重点实现建设期进度、质量、安全、投资等关键业务及数据智慧化管理；对预制梁等预制构件实现统一高效的生产、运输、安装全过程精确质量管控;对改扩建高速公路实现交通导改三维模拟功能。

8.1.2.1 BIM 协同管理平台

(1)项目可视化管控

本项目将工程 BIM 模型与周边三维 GIS 地形及倾斜摄影等叠加融合,可视化查阅工程 3D 模型、工程进度、管理信息、风险信息以及监控检测等技术服务,实现工程管理与数字场景的交互。建立场地实景模型、地理模型、工程 BIM 模型以及临建模型等项目全要素的三维数字场景。通过提供基于 Web 端的 BIM + GIS 三维场景搭建、模型导入与数据映射、重要风险与隐患一键展示、进度可视化查询等技术服务,实现工程管理与数字场景的交互。三维场景搭建示例如图 8-1 所示。

图 8-1　三维场景搭建示例

(2)综合办公管理

综合办公管理主要包括公文处理及工程表单审批。公文处理可实现指挥部公文下发、转发,各施工、监理单位抄报功能。工程表单审批主要实现对项目建设单位、施工单位、监理单位等多方的工程用表管理的标准化、线上化、数字化。结合现场业务,自定义表单、自定义流程配置,满足多方业务协同工作,使项目管理更高效、便捷。项目利用 BIM 协同管理平台,通过自定义表单、自定义流程可快速配置满足项目施工单位、监理单位、建设单位等多方协同使用的工程用表的线上审批功能。同时,通过电子云签章技术解决工程用表线上流转的合法性问题。图 8-2 所示为工程表单审批界面。

图 8-2　工程表单审批界面

(3) 进度管理

进度管理应实现对工程进度统筹管理与实时管控功能,包括计划编制、进度跟踪、统计分析、进度航拍等模块。计划编制可实现对工程进度计划上传及线上修改,支持里程碑节点的设置、里程碑进度预警,可整体浏览项目各大重要节点的计划时间;进度跟踪提供进度计划甘特图模式的浏览,指导计划的修订和优化。施工过程中,协同管理平台利用工序报验获取实际施工进度,并可与进度计划进行实时对比,在数字化场景内进行可视化的形象展示及图形化的对比分析,并进行形象进度、产值进度及进度对比的统计分析。同时,BIM 协同管理平台具备分标段航拍视频上传、在线浏览功能,并可实现选择任意两期视频进行对比播放,直观展示标段形象进度。图 8-3 所示为进度航拍界面。

图 8-3　进度航拍界面

(4)计量支付管理

计量支付管理可实现计量支付工作的线上流转、自动计算及与 BIM 模型的自动关联,避免漏计、超计,便于投资监控。该模块包括施工计量、监理计量及其他计量等功能,同时支持分项计量,并实现超计预警与控制。BIM 协同管理平台提供清单管理功能,分阶段对招标工程量清单进行管理,结合招标清单、中标清单以及清单复核文件形成施工图工程量清单,作为计量支付的依据。图 8-4 所示为清单管理界面。

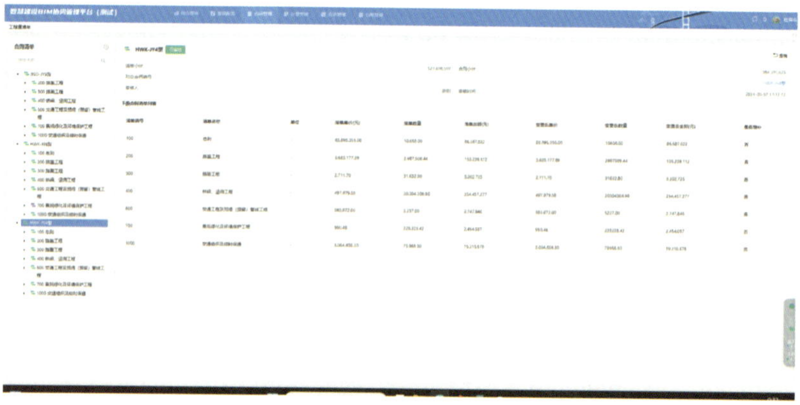

图 8-4 清单管理界面

工程量清单录入后可分拆到工作分解结构(WBS)相应的结构上;提供计量月报在线汇总及审批功能,计量报表由系统提取标段的合同信息和上期累计计量数据,结合当前期的基础计量数据,自动汇总生成。通过将总体清单拆分至各构件,实现对各构件的计量管理,把控分项计量不超计,避免漏计情况,实现每期计量过程中的精细化管理。图 8-5 所示为清单挂接界面。

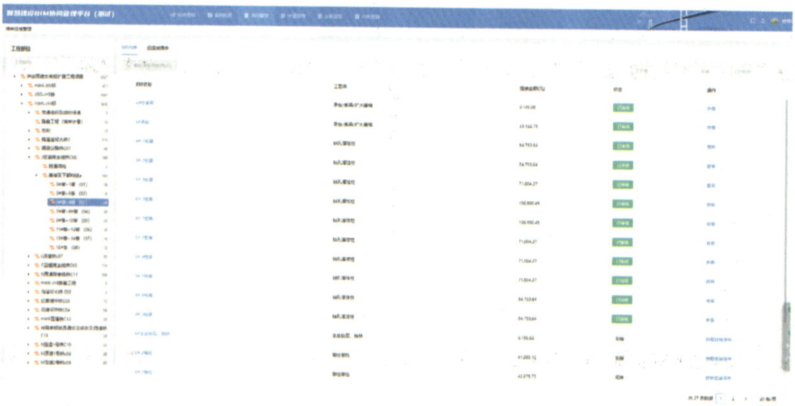

图 8-5 清单挂接界面

计量支付基于电子签章,根据预先设定好的审批流程进行线上流转与审批。在计量过程中借助信息化技术高效处理大量数据的天然优势,将每期计量相关凭证进行全部展示,辅助现场管理人员对每期计量中各清单类目的金额与每次计量的部位及对应的金额进行审阅,提升现场管理人员的审核效率。同时,线上流转方便各单位之间高效沟通,减少往来成本,助力现场管理效能提升。图8-6所示为中间计量清单列表界面。

图8-6 中间计量清单列表界面

8.1.2.2 软基施工应用

软基施工智能建造分层采用相关技术。各施工标段应用软基管控系统实现软基施工过程中的数据实时监测、记录、预警。在此基础上,BIM协同平台集成各标段软基施工监控数据,可根据施工时间、工艺参数等条件查询项目每根桩的成桩信息,并对各标段施工进度、施工总量、设备在线数、预警数据等进行统计分析,一图掌握项目软基施工总体情况。同时,利用统一的BIM平台实现桩基检测管理工作。

(1)软基施工实时监测

软基施工实时监测是采用物联传感器,实现软基施工过程实时监测、回放,可查看施工工程深度、电流、垂直度、浆量等数据。各标段基于软基施工监测系统对各班组进行管理,出现预警情况时,监理等单位及时介入、检查,督促各标段整改,形成问题处理闭环。图8-7所示为软基施工实时监测界面。

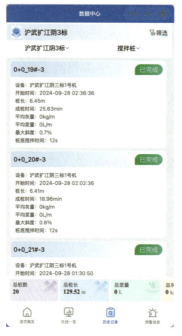

图 8-7 软基施工实时监测界面

(2) 软基施工概览

软基施工概览汇聚本项目各标段实时监测数据,并从进度、质量指标等多维度进行统计分析。对接各标段的总任务量、各标段每日完成的任务量,系统自动统计项目总任务量、目前完成量和完成进度。可获取各标段施工预警信息,查询、统计、展示每个标段及本项目的不同等级预警总量。可查看、汇总分析各标段及本项目的平均浆量、下钻提升速度、垂直度等指标。图 8-8 所示为软基监测数据。

图 8-8 软基监测数据

(3)软基施工查询

软基施工查询可获取各标段逐桩成桩数据与施工过程监测数据,包括但不限于记录桩机位置、深度、电流、水灰比、浆量(总浆量、段浆量)、桩机垂直度、下钻速度、提钻速度、成桩时间、开始时间、结束时间等各类施工参数。根据查询需要,从成桩时间、垂直度、设备编号等维度筛选导出相关数据报表。同时,结合指挥部管理系统,各桩位施工数据关联检测流程,可根据成桩日期提示进行自检、强检的工作。图 8-9 所示为软基施工查询界面。

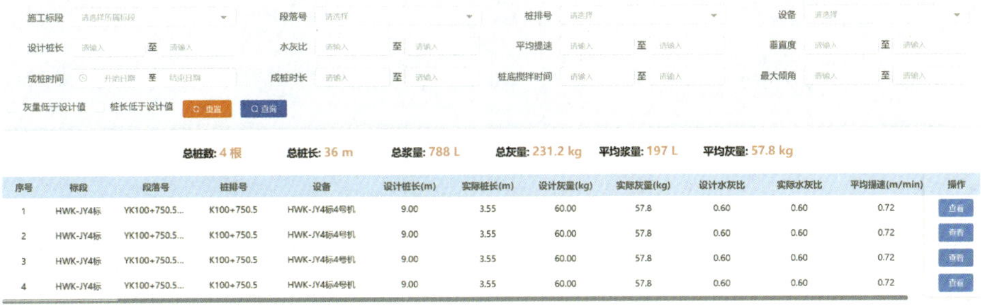

图 8-9 软基施工查询界面

(4)软基施工检测

软基施工检测可实现每根桩成桩数据、实时监测数据与搅拌桩自检、强检等信息的关联,并能主动提示进行检测。当某一段落搅拌桩达到合适龄期时,系统主动提示施工单位开展自检,施工单位填报自检申请,上传自检检测报表和布桩图作为附件,监理审核通过后由指挥部在布桩图上随机选取自检桩号后开展自检工作。完成自检后,及时上传自检报告到系统中存档。由指挥部组织申报强检,待强检报告生成后及时下发至各单位,并上传至系统存档。图 8-10 所示为软基施工检测界面。

图 8-10 软基施工检测界面

8.1.2.3 混凝土工厂应用

混凝土工厂应用对各标段所用的混凝土搅拌站进行统一管理,严格监测生产过程中的集料配比、水泥用量、粉煤灰量、水胶比、拌和产量、掺配比例、混凝土湿度和温度等各项指标并实时分析上传,具有实时纠偏预警的功能。

(1)拌和生产看板

拌和生产看板综合显示本项目混凝土拌和站相关生产信息,展示当前项目各标段纳入监控的拌和站生产信息。实时地图可显示各标段在用拌和站,可通过日历的形式查看每日生产数据。同时,拌和生产看板也展示了各标段混凝土生产总量、质量评分、材料消耗量等的情况,如图 8-11 所示。

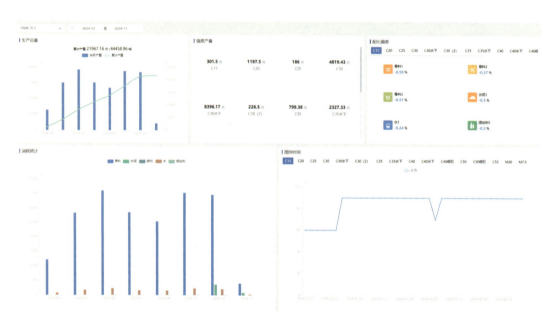

图 8-11 拌和生产看板

(2)实时生产管理

通过地图展示当前各拌和站生产状态、当前生产混凝土强度等级、应用部位等信息。

(3)生产数据展示

以生产列表、生产图表的形式统计各拌和站一定周期内的生产总量、各强度混凝土生产量等数据,并可查看每一盘混凝土生产过程的详细数据,包括配合比设计、实际用量偏差、搅拌时间等。图 8-12 所示为生产数据展示界面。

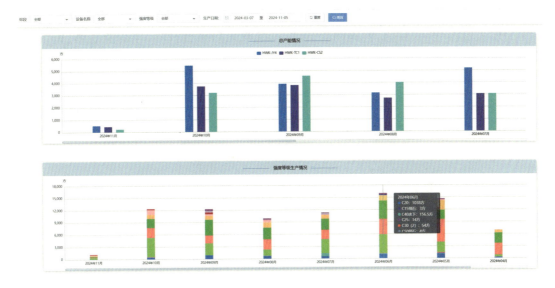

图 8-12　生产数据展示界面

(4) 生产预警

对生产过程中水泥用量、碎石配比、用水量等数据进行实时监控，并按设置的预警级别进行告警，提示相关人员处理。图 8-13 所示为生产预警界面。

序号	生产日期	标段	设备名称	车牌号	工程部位	强度等级	生产砼方量m³	生产总量t	告警等级	告警类型	报警处理	报警内容
1	2024-10-24 12:07:40	S605-SG04	水泥混凝土…	苏E5L220	平阿港桥左…	C50	18.34	35.83	初级预警	料仓配比	待处理	骨料1生产值为1489.0,设计值为1834.0,误差比例值为-18.81超出初级控制范围(-2.0~2.0);骨料2生产值为…
2	2024-10-22 10:10:34	S605-SG04	水泥混凝土…	浙FK0019	平阿港桥左…	C50	2	4.49	初级预警	料仓配比	待处理	骨料1生产值为219.0,设计值为200.0,误差比例值为9.5超出初级控制范围(-2.0~2.0);
3	2024-10-18 07:51:32	S605-SG04	水泥混凝土…	浙FK0019	主线桥第38…	C40	12	28.50	初级预警	料仓配比	待处理	骨料1生产值为1224.0,设计值为1200.0,误差比例值为2.0超出初级控制范围(-2.0~2.0);
4	2024-10-17 15:09:50	S605-SG04	水泥混凝土…	浙FK0019	主线高架桥…	C40	12	28.49	初级预警	料仓配比	待处理	骨料1生产值为1230.0,设计值为1200.0,误差比例值为2.5超出初级控制范围(-2.0~2.0);
5	2024-09-29 13:16:10	S605-SG04	水泥混凝土…	苏E5L220	126#封锚	C50	1	2.39	初级预警	料仓配比	待处理	骨料2生产值为819.0,设计值为800.0,误差比例值为2.37超出初级控制范围(-2.0~2.0);
6	2024-09-26 21:17:53	S605-SG03	水泥混凝土…	未知	汾杨路=白…	C50	5	10.70	初级预警	料仓配比	待处理	骨料5生产值为2223.0,设计值为2150.0,误差比例值为3.39超出初级控制范围(-2.0~2.0);
7	2024-09-25 13:42:29	S605-SG03	水泥混凝土…	未知	S67盖梁封锚	C50	1.5	3.32	初级预警	料仓配比	待处理	骨料1生产值为614.0,设计值为600.0,误差比例值为2.33超出初级控制范围(-2.0~2.0);
8	2024-09-24 09:52:44	S605-SG03	水泥混凝土…	未知	98跨隔板	C50	1	2.24	初级预警	料仓配比	待处理	骨料1生产值为411.0,设计值为400.0,误差比例值为2.75超出初级控制范围(-2.0~2.0);骨料2生产值为410…
9	2024-09-22 08:37:33	S605-SG03	水泥混凝土…	未知	右幅59-60	C50	12	26.43	初级预警	料仓配比	待处理	水1生产值为1351.0,设计值为1383.0,误差比例值为-2.31超出初级控制范围(-2.0~2.0);
10	2024-09-20 15:06:14	S605-SG03	水泥混凝土…	未知	S68盖梁封锚	C50	1.5	3.19	初级预警	料仓配比	待处理	骨料3生产值为309.0,设计值为300.0,误差比例值为3.0超出初级控制范围(-2.0~2.0);

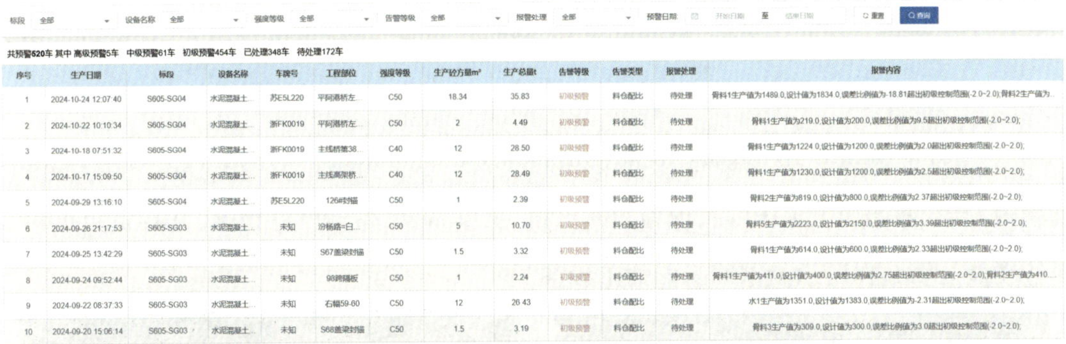

图 8-13　生产预警界面

通过混凝土生产模块的应用实现了全线水泥混凝土搅拌站统一平台、统一要求管理，提高了管理效率；实现了全线、各标段成品料生产量等信息实时掌握，有利于关键节点进度、质量的协调统一。

8.1.2.4　智慧梁厂应用

本项目智慧梁厂以钢筋加工—混凝土拌和—布料—振捣—养护—张拉—压浆—存

梁—出梁等质量工序节点为主线，融合制梁计划、订单管理、试验室检测、混凝土生产管控、钢筋加工监测、模板监测、台座调度管理、三维激光扫描、构件尺寸智能监测、鱼雷罐监测、布料振捣监测、养护监测、张拉压浆监测、作业区域可视化管理、存梁区可视化管理、安全生产监测、物料库存等特色板块，配套进行厂区建设、自动化生产设备配置、软件系统开发，实现各业务系统的互联互通，提高梁厂智能化建造水平与建造效率。

(1) 厂区建设与智能化设备

项目预制梁厂建设以"数字化建厂，智能化生产"为理念，遵循"由图纸到模型，由模型到实体"的信息化流程，充分利用信息化技术，提高建造过程的智能化水平。梁厂总体规划为钢筋加工区、混凝土拌和区、钢筋绑扎区、混凝土浇筑区、蒸汽养护区、常规养护区、张拉压浆区、存梁区、办公区及生活区，实现各功能分区的互不干扰、协同运作。智慧梁厂综合考虑场地大小、生产总量、生产期限等要求设置生产车间，采用自动化生产线。自动化生产线包括底模移动台座、液压开模及控制、送料及布料、附着式振动、养护等生产流程。

预制构件生产流程中，广泛采用智能化生产设备进行自动控制、数据采集。如钢筋生产智能化设备包含钢筋切割机、钢筋弯曲机、钢筋弯箍机、自动焊接机器人、自动引导搬运车（AGV搬运车）等。围绕钢筋生产，智能化设备具备PLC生产控制系统，可通过钢筋加工MES查看钢筋加工生产数据。智能化钢筋加工设备可采集钢筋加工任务订单、记录钢筋套裁方案、钢筋加工工序以及现场的原材料、半成品、成品的库存情况，并具备数据对外传输功能。图8-14所示为钢筋智能加工设备。

图8-14　钢筋智能加工设备

混凝土浇筑智能化设备包括鱼雷罐、布料机及控制终端。鱼雷罐可将搅拌站拌和完成的混凝土,通过空中轨道运送到布料机工位或指定位置的智能型运输设备。布料机可把混凝土均匀地浇筑在模具里。除上述设备外,混凝土拌和、振捣、养护、喷淋、张拉等环节也大量应用智能化设备,实现生产过程的自动化控制、生产数据的实时监测与传输。

(2) 梁厂生产管理系统

梁厂生产管理系统以设备为基础,从生产订单计划、过程管控、质量控制、厂区管理等方面着手,构建成套后台管理系统,实现梁厂的智慧化管理。构件状态管理功能包含了构件生产全过程中订单状态、构件状态、生产台座、生产工艺等要素的管理,是智慧梁厂系统中对某一个具体构件生产情况的直观体现。构件生产参数管理功能(图8-15)是对构件基本信息的管理,构件生产参数包括构件的委托单位、构件的分类、梁型等信息。同时,构件参数信息与设计数据对接,通过 WBS 编码分解与映射,实现每片梁尺寸信息、用料信息等与设计的交互。

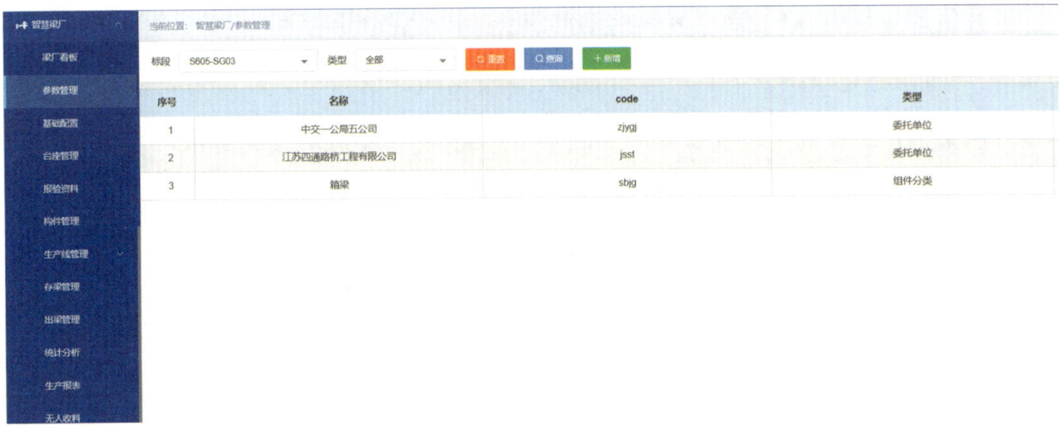

图8-15 构件生产参数管理

构件以任务订单的形式在智慧梁厂系统中进行创建。订单管理功能包含任务订单创建及下发、自动排产、订单进度查看、订单内容查看、生产进度图等。为应对生产订单量增加、生产时间缩短等难题,系统利用人工智能、物联网等技术,进行生产订单自动排产功能开发,以确保生产计划的高效执行和资源的合理分配。

系统在收集与生产计划相关的所有数据,包括订单信息、设备状态、原材料库存、人力资源、生产时间等信息的基础上,将原始数据转化为可用于建模的特征数据,例如订单优先级、设备能力、生产周期等。将这些特征数据作为排产优化模型的输入数据,再根据业务需求选择合适的数学模型,考虑多种因素,如订单优先级、设备能力、生产时间、成本等,以生成优化的生产计划。在生产过程中实时监控生产进度、设备状态、原材料库存等关键指标。当发现异常情况或偏离计划时,及时进行调整和优化,确保生产计划的顺利进行。图 8-16 所示为生产安排界面。

图 8-16　生产安排界面

梁片生产过程中,对主要环节包括钢筋绑扎、水泥混凝土拌和、养护、钢筋张拉、梁片压浆等,通过信息化设备采集生产过程数据,并根据构件编码串联成构件唯一身份信息,实现预制梁生产过程的全过程管理。预制梁生产完成后,按照既定的标准和要求,对预制梁进行质量检查和报验,以确保预制梁的质量符合设计要求和工程需要,系统可保存每片梁的质检报告。

最终,通过智慧梁厂后台管理系统,对每一片梁的尺寸信息、生产过程信息等进行跟踪,并赋予每一片梁一个身份二维码,通过二维码打印机将身份信息赋予到每一片梁上,用于身份信息查阅和身份追溯。

(3) 厂区综合管理

智慧梁厂是相对封闭的预制梁生产建造厂区,除了对预制梁生产过程中的质量管控,还包括对在场人员、设备、物料、安全和环保等方面的监控管理。人员管理模块主要用于梁厂人员的管理,包括日常人员定位、考勤和现场工作可视可通,并能与孪生场景互联。物料管理通过计算机技术、物联网技术、红外技术、视频技术等实现对物资材料过磅数据采集、自动入库。生产过程中,对拌和站每盘生产数据进行采集,利用信息手段进行统计分析,提供及时准确的物料库存量,为使用者提供库存物资盘点、库存数据分析、库存预警等功能。

安全管理通过安装于门式起重机等特种设备驾驶室的"黑匣子",以及安装在各个监控部位的各类传感器、无线通信模块和地面监控软件,来实时获取所控设备当前运行参数,监控设备运行状态,实时显示并记录所控设备作业运行情况,进行超限危险报警和制动控制,最大程度保障所控设备作业安全。同时利用AI视频技术,对厂区内生产人员行为规范进行检测,并利用音柱等设备进行提示。

8.1.2.5 导改组织应用

本项目开发应用了交互式高速公路改扩建施工交通组织模拟软件,实现BIM模型的拓展应用。该软件可一键导入模型,构建虚拟场景,可便捷地设置各类标线、导流设施、标志标牌等,为快速科学的交通组织方案设计提供平台,实现交互式方案设计和实时模拟,所见即所得,提高方案研讨和会审的效率。

(1)交互式高速公路改扩建施工交通组织设计基础平台

利用计算机图形图像技术构建准确的交通组织设计基础平台,平台具有精确的坐标转换功能,实现人机交互与信息交流。针对高速公路施工交通组织特点,实现场景模型的预览和快速导入。在平台中能够快速直观地绘制临时车道标线和导流标线,按需布设临时导流、警示隔离等设施,基于二维场景环境下人机交互完成交通组织方案设计。

(2)基于BIM技术创建交通组织临时设施BIM构件库

高速公路改扩建施工交通组织需要通过设置大量的临时交通导改设施来实现,为实现交通组织方案设计与模拟,根据高速公路改扩建施工交通组织需求,统计分析各类临时导改设施、标志标牌、导流标线等,基于BIM技术创建各类设施构件库,为交互式设计模拟高速公路改扩建施工交通组织方案打下基础。

(3)施工交通组织三维模拟功能

基于BIM技术,实现交通组织设计方案的实时三维模拟,实现车流密度、速度和路径等参数化定义功能。用户点击交通流量后的下拉选框,进入流量设置页面,可以选择不同的交通流量大小;用户点击车速后的下拉选框,进入流量设置页面,可以选择不同的车速。

中墩施工三维交通组织模拟效果示意图见图 8-17。

图 8-17　中墩施工三维交通组织模拟效果示意图

8.1.2.6　路面施工应用

为保证沥青路面施工质量,实现多段落的协同管理,本项目路面施工时拟充分利用现有信息化监控手段对获取的沥青路面施工全过程信息,包括拌和、运输、摊铺、碾压等进行管理与分析,同时可对接无人施工设备采集的相关数据。

（1）路面施工看板

路面施工看板(图 8-18)可实现项目路面施工综合性查询功能,围绕路面工程施工过程中混合料的拌和、摊铺、压实数据进行施工质量分析,形成汇总数据,并以标段、时间等维度进行分析。

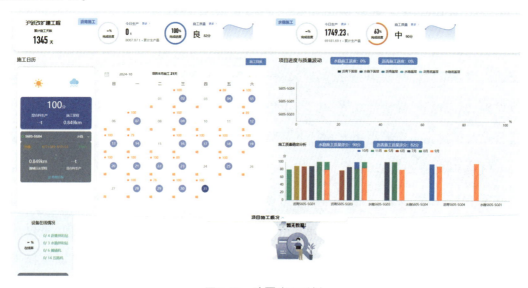

图 8-18　路面施工看板

（2）沥青混合料拌和

实现拌和楼生产数据（油石比、级配、温度、生产周期等）的实时采集上传和自动统计分析，对不合格的数据进行实时预警。

（3）沥青路面摊铺

对摊铺过程中采集的各类施工数据（摊铺温度、摊铺速度等）进行实时监控，并进行统计分析、查询、回放、预警等。

（4）沥青路面碾压

对碾压过程中采集的各类施工数据（碾压温度、速度、碾压遍数等）进行实时监控，并进行统计分析、查询、回放（图 8-19）、预警。

日期	标段	结构层	材料类型	施工桩号	施工里程(km)	施工云图	施工回放
2022-12-10	土建05标	中面层	AC-20	k93+329~k98+236	0.096	施工云图	施工回放
2022-11-25	土建04标	中面层	AC-20	k74+628~k83+807	-	施工云图	施工回放
2022-11-24	土建04标	中面层	AC-20	k71+680~k73+229	-	施工云图	施工回放
2022-11-21	土建04标	中面层	AC-20	k73+142~k73+735	-	施工云图	施工回放
2022-11-20	土建04标	中面层	AC-20	k73+142~k73+313	-	施工云图	施工回放
2022-11-20	土建05标	上面层	SMA-13	k98+239~k99+287	0.021	施工云图	施工回放
2022-11-19	土建04标	中面层	AC-20	k73+148~k73+261	-	施工云图	施工回放
2022-11-18	土建04标	上面层	SMA-13	k73+804~k74+136	0.311	施工云图	施工回放
2022-11-17	土建04标	上面层	SMA-13	k70+54~k74+257	-	施工云图	施工回放
2022-11-15	土建04标	上面层	SMA-13	k70+151~k74+39	0.102	施工云图	施工回放

图 8-19 施工过程回放

通过路面施工智能化技术的应用，动态监控沥青混合料拌和、摊铺、压实等信息，实现施工过程的全流程、无死角监管；实现施工质量的在线快速分析、反馈、预警，指导现场施工工艺的优化、提升。

8.2 海太长江隧道

8.2.1 项目简介

海太长江隧道是《江苏省高速公路网规划（2017—2035 年）》中通州湾至常熟高速公路的过江工程，也是《江苏省"十四五"综合交通运输体系发展规划》中明确的建设项目。

项目的建设对贯彻落实长三角区域一体化发展和长江经济带发展战略,优化长江干线过江通道布局,承担苏通长江公路大桥复线及过江交通分流功能,完善区域路网布局,推进扬子江城市群建设和跨江融合发展均具有重要意义。海太长江隧道项目(图 8-20)具有"长、大、高、深"等特点,堪称"万里长江第一隧"。"长"为盾构隧道长度世界最长,隧道全长 11185m,其中盾构段长 9315m;"大"为隧道断面直径最大,盾构外径 16.0m,开挖断面超过 16.5m;"高"为超高水压,最大水压达到 0.75MPa;"深"为深厚覆土,江中段隧道最大覆土深度为 38m。海太长江隧道(公路部分)起自沪陕高速公路叠石桥互通东约 2.7km 与沪陕高速公路交叉处,止于沪武高速公路董浜枢纽互通东约 5.5km 处,全长 39.07km。项目采用双向六车道高速公路标准建设,其中海门南互通立交至碧溪互通立交段(含过江段隧道)设计速度为 100km/h,隧道净宽 2×14m,其余路段设计速度为 120km/h,路基宽度为 34.5m。

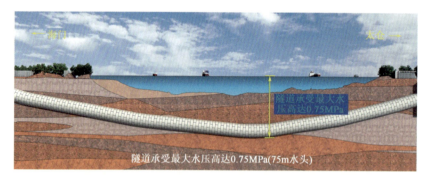

图 8-20　海太长江隧道工程项目

8.2.2　智能建造施工应用场景

8.2.2.1　软基施工应用

海太长江隧道项目软基施工采用软基施工智慧云控制系统(图 8-21),该系统可实时记录桩机施工过程中的深度、浆量、下钻速度、提钻速度、水泥用量、垂直度和时间等参数并自动上传至云平台。借助软基施工智慧云控制系统,可以在手机小程序、计算机上全程实时监控现场情况。软基施工智慧云控制系统还实现了历史数据浏览、项目数据统计、平台管理等功能,管理人员可以对多个项目、人员、设备进行远程管理。软基施工智慧云控制系统的投入,为推进工地智慧施工、保障工程质量提供了有力支持。

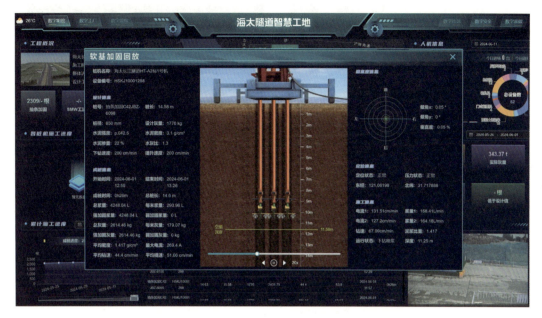

图 8-21　软基施工智慧云控制系统

8.2.2.2　明挖段基坑施工应用

针对海太长江隧道项目明挖段基坑监测,采用各种新技术、推行智能化监测手段以及建立自动化监测数据平台进行施工监测,保障明挖段基坑施工安全。

（1）新技术应用

采用降水井井壁渗漏示踪剂检测技术,保证降水井成井质量。树立"大监测、大安全"理念,引进梯度功能材料（FGM）地下连续墙渗漏水检测、基坑智能自动监测、自动化气动降水、钢支撑伺服系统等新技术,保证深基坑开挖安全。图 8-22 所示为明挖段技术应用示例。

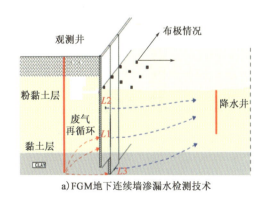

a) FGM地下连续墙渗漏水检测技术　　b) 基坑智能自动监测

图 8-22

c）示踪剂检测降水井成井质量

d）钢支撑伺服系统

图 8-22　明挖段技术应用示例

（2）自动化、智能化监测应用

对墙体深层水平位移、支撑轴力、地下水位、地下连续墙内力、墙顶竖向位移、墙顶水平位移等监测项目开展自动化、智能化监测；全天候、全时段采集监测数据，实时监测工作井开挖过程中基坑的变形，以科学的监测数据指导深基坑降水和开挖，确保深基坑施工安全。图 8-23 所示为现场自动化监测设备。

图 8-23　现场自动化监测设备

（3）BIM 自动化监测数据平台建立

BIM 自动化监测数据平台（图 8-24）可实时查看各监测点所在位置、状态、预报警情况等信息，实现监测数据的云存储、可视化、自动报警、信息自动推送等功能。

8.2.2.3　管片生产应用

围绕海太长江隧道项目管片生产，大规模应用自动化、信息化与智能化相融合的生产技术，极大地提升了管片生产的效率与精度，确保了生产安全和资源的优化配置。

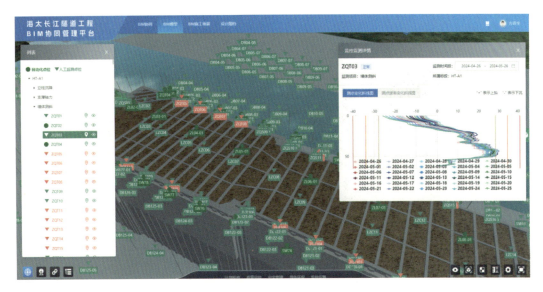

图 8-24　BIM 自动化监测数据平台

(1) 自动化技术

①模具运行自动化:采用新型模具运行方式,该运行方式取消了轨道式运行,使用链轮链条系统进行单元独立驱动(图 8-25)。模具运行自动化具有以下优点:摒弃以往顶推传动模式,采用惯性动力启动,避免对混凝土的突然扰动,提高成型质量;动力轮提高生产线的平整度,模具运行更加稳定。

a) 传统生产线

b) 智能化生产线

图 8-25　生产线升级

②混凝土生产自动化:在混凝土生产过程中,布料系统采用一键式灌注体系集成,模具振动压缩空气气路采用电磁阀开关控制,空气管的插拔采用自动插拔管技术。以上所有开关全部集成至控制室,实现一键式灌注控制。一键式灌注控制具有以下特点:实现超

厚管片混凝土布料分层控制，分层振捣；实现振捣时间 PLC 控制，杜绝人为因素影响；自动插拔振动气管，更加智能、精准，节省人工。图 8-26 所示为管片智造车间中控室。

图 8-26　管片智造车间中控室

③混凝土养护自动化：采用 AGV 运行系统与温控养护系统相连的方式进行混凝土自动化养护，温控系统将实时监测的温度数据的平均值与设定的温度数据进行比对处理，并通过输出控制信号控制电动球阀的开合大小（通断）来控制蒸汽的供应及供应量，从而实现养护窑内的温度升降控制。采集的温度信号通过信号线传输至温控系统，在触摸屏上通过曲线图直观显示养护窑内的实时温度、养护时间。图 8-27 所示为蒸养控制面板。

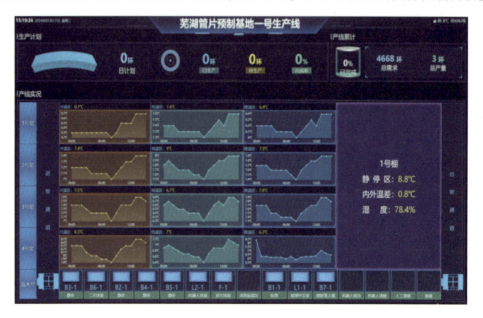

图 8-27　蒸养控制面板

④脱模桁架吊装自动化：自动脱模系统采用桁架结构，配备双钩行车，在有限的空间中实现平稳运行，并有独立的控制单元，可自动将管片从脱模工位运往平移式翻转机，定位准确；同时，配备钢板网围住桁架部分位置，最大限度地保证使用的安全性。图8-28所示为脱模桁架。

图8-28　脱模桁架

(2) 信息化技术

①管片生产质量管控流程信息化系统：该信息化系统集成拌和站、流水线、温控设备、手持设备、信息控制中心等，实现全预制场工业设备数据通信的互联互通，为信息化流程提供信息化技术咨询。同时，将各个管理岗位的信息（包括人员信息、职责、时间信息等）形成完整的数据连接，并通过RFID芯片、二维码、近场通信（NFC）等进行信息展示。

②安全管控流程信息化系统：通过三级教育、"班前五分钟"、安全巡查、安全积分制、安全宣讲等，建立全员参与的安全生产体系，以提高安全管控效率。根据项目本身适用的安全管控体系，把安全风险清单对应的管控标准分配给各业务部门，由业务部门按照标准承担对应安全责任。利用物联网技术构建起一个安全积分超市系统，该系统通过正向激励机制，鼓励作业人员积极参与安全管理与实践，以积分形式奖励其安全行为，从而有效激发作业人员的积极性与主动性。图8-29所示为安全信息化管理界面。

③管片物料管控流程信息化系统：实行全场物料信息化管控，对库存进行自动统计，逐步达到无须人工盘库的精准度，打造超市化管理库房。针对钢筋配料，通过打通钢筋加工设备数字化接口，监控钢筋加工状态及加工数量，在线推送加工图样及数量，实现数字化调度。

图 8-29　安全信息化管理界面

(3) 智能化技术

①超大直径盾构管片智能重载 AGV 搬运车：AGV 搬运车（图 8-30）采用磁导航模式进行行走（也可手动），可横移、原地旋转、前后移动等。导航精度达 ±5mm，拥有手动、自动两种充电方式，具有前方障碍物检测传感器、机械防撞机构双重防护及急停设置，能够大幅提高安全性。

图 8-30　AGV 搬运车

②超大直径盾构管片清模机械臂设备：清理喷涂工位传感器检测到模具到达指定位置，生产线驱动电机制动，通过 RFID 判断当前模具型号，清模机械臂（图 8-31）调用通过示教编程得到的运动轨迹，在机械臂与第七轴对应电机的驱动下，带动末端清理装置完成模具内腔的清理和吸尘作业。

③超大直径盾构管片抹面机械臂设备：模具在振动室完成浇筑与振捣后，生产线转运至自动抹面工位，抹面工位传感器检测到模具到位，通过 RFID 识别当前模具型号，之后通过 PLC 控制桁架式结构，控制器控制抹面机械臂（图 8-32），按照设定好的路径程序，带动

末端的组合抹盘与振动器完成管片外弧面的抹平收光作业。

图8-31 清模机械臂

图8-32 抹面机械臂

④视频监控智能化:对项目吊装起重设备,如门式起重机等重点设备进行智能化改造,辅助视频AI识别技术(图8-33),为门式起重机的管理提供全方位的安全防护。

图8-33 AI识别技术

⑤厂区双向智慧对讲系统(图8-34):利用AI监控系统自动识别功能,实现对违规作业的智能喊话;中控室接收各个工位上的语音反馈,也可以向各工序下达生产、安全指令,充分发挥中控室调度功能。

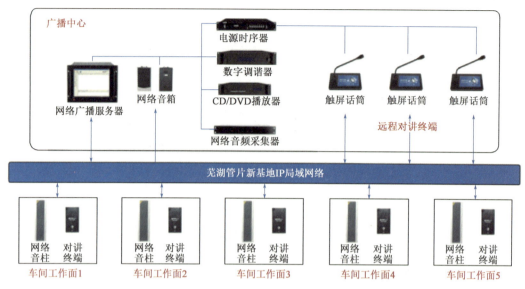

图 8-34 智慧对讲系统

8.2.2.4 钢筋生产应用

针对海太长江隧道项目钢筋生产建设需求,搭建钢筋加工智能管理平台(图 8-35)。通过平台获取生产进度、库存情况,并可根据生产信息绘制生产数据柱状图;采用物联网形式,可视化展示钢筋设备的运行状态、报警状态、报警信息等,更好地维护设备;通过接入钢筋加工厂内的摄像头画面,实时把控厂内安全情况,以及接入相关环境信息,监测噪声、PM2.5 等是否超出规定范围。

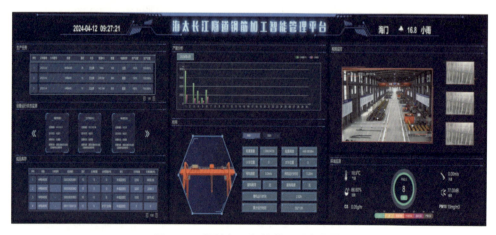

图 8-35 钢筋加工智能管理平台界面

钢筋加工智能管理平台还具有以下功能:

①设备运行状态监测:通过对钢筋加工厂主要设备进行数据采集,用户可实时远程查

看主要设备的运行状态、报警状态和报警信息等数据,及时了解现场生产情况,有效跟进生产进度。

②生产任务查看:通过对钢筋加工厂加工系统进行数据采集,用户可实时远程查询钢筋加工厂的生产状态、订单编号、施工部位、钢筋重量、钢筋数量等生产任务信息。

③成品库存查询:用户通过远程查询钢筋加工厂成品库存的钢筋规格、钢筋直径、图形、成品编码、出入库数量、重量等信息,从而有效评估成品库存对生产进度的支撑情况,并及时调整钢筋生产任务。

④设备产能分析(图8-36):通过对钢筋加工厂生产数据的统计分析,用户可以实时远程查询所有设备每日的生产数量及重量,并生成相关的报表,减少生产数据的统计工作量。

图8-36　设备产能分析

8.2.2.5　拌和站生产应用

为了加强拌和站生产流程的全面数字化、智能化管理(图8-37),提升生产效率与质量控制能力,精确追踪原材料消耗、生产进度及成品质量,有效降低运营成本,海太长江隧道项目建立了拌和站生产信息化平台,通过数字平台与拌和站的协同调度机制,实现车间任务共享、生产线数据实时共享,从而有效提高拌和站生产质量。拌和站生产信息化平台具有以下功能:

①砂石含水率监测:运用物联网技术,通过传感器发送的数据在屏幕上实时显示物料

信息,把控砂石的温度和含水率。结合喷淋功能,可实现对生产材料状态的微调。

②料仓环境及料位监测:监测料仓内的温、湿度等情况,通过温度可视化呈现,做到及时降温,防止物料损坏。精准测量余料重量,用户可远程实时查看每个料罐的开关状态和余料情况。

③拌和站生产线、打粉口看板:配合数智盾构系统,建立拌和站看板的协同调度机制,实现生产线数据实时共享,可视化拌和站生产数据;实现粉料信息可视化,精准把控粉料余量状态。

④粉罐、集料仓展板:可自动展示粉料、集料来料信息,也可进行人工校验,在降低现场人员工作量的同时,保留数据的修改权限。

⑤设备运行状态及料场环境监测:通过对拌和站主要设备和设施进行数据采集,以及对视频监控、环境监测设备和喷淋系统进行数据采集,用户可以远程实时查看拌和站设备、设施运行状态,以及合格料仓和堆料仓的基本情况和相对应的环境参数。

⑥PC端参数预警列表:用户可以远程实时查询配合比误差率过大、车辆超速、粉罐余量不足等预警的历史信息并进行分析。

⑦生产方量及消耗统计报表:通过统计分析,可视化展示生产数据及物料消耗数据,为管理者提供有力的数据支撑。

图 8-37　拌和站生产管理

8.3 张靖皋长江大桥

8.3.1 项目简介

张靖皋长江大桥（图 8-38）跨江段全长 7859m，包含南、北两座航道桥以及南、中、北三段引桥。南航道桥跨越长江主江航道，为缆跨布置为 660m + 2300m + 1220m、梁跨布置为 2300m + 717m 的两跨吊悬索桥。北航道桥跨越长江如皋中汊航道，为缆跨布置为 530m + 1208m + 530m 的单跨吊悬索桥。引桥均采用节段预制悬臂拼装施工的预应力混凝土连续刚构桥。项目按高速公路标准建设，其中跨江段及引桥（如皋南互通至张家港北互通）设计为双向八车道，设计速度为 100km/h，路基宽度为 42.0m；南北接线路段设计为双向六车道，设计速度为 120km/h，路基宽度为 34.5m。桥梁设计汽车荷载等级为公路—Ⅰ级。

图 8-38　张靖皋长江大桥

8.3.2 智能建造施工应用场景

张靖皋长江大桥拥有六项"世界之最"：主航道桥跨径 2300m，是在建世界最大跨径悬索桥；主塔高度 350m，为世界最高悬索桥索塔；南锚平面尺寸为长 110m、宽 75m，高度为 83m，相当于 20 个标准篮球场的面积，且为世界最大体积地下连续墙锚碇基础；主缆长 4400m，强度为 2200MPa，为世界最长高强度主缆；钢箱梁长 3017m，为世界最大连续长度钢箱梁；伸缩装置位移量 3120mm，为世界最大位移量。

为了顺利建设该项世界级工程,解决大跨径过江长大桥施工技术难点,项目建设过程中积极探索智能建造技术,在智能化工厂、地下连续墙智能施工、大体积混凝土温度控制、沉井智能施工、钢塔智能制造等方面取得了一些技术成果。

8.3.2.1 智慧化工厂应用

张靖皋长江大桥项目建设过程中,对钢筋加工厂、混凝土拌和站、预制梁厂等开展了数字化、智能化升级,形成了一系列智能云工厂,包括钢筋云工厂、混凝土云工厂、节段梁云工厂、钢结构云工厂等,并在项目工程建设中进行了推广应用。

(1) 钢筋云工厂(图 8-39)

图 8-39 钢筋云工厂

针对地下连续墙钢筋用量大、钢筋笼制造精度要求极高的特点,项目打造了钢筋数字云平台,包括钢筋原材料、半成品加工、仓储、配送、余料管理等全过程信息化管理。钢筋云工厂利用智能翻样、优化断料、设备物联等关键技术,借助 MES 进行计划执行、数字孪生车间进行监控预警、大数据看板辅助决策,建立了节段梁钢筋管理信息数据库,形成可视化数据管理。通过钢筋云工厂建设,有效降低了钢筋损耗,提高了生产效率,降低了管理成本。

钢筋数字云平台具有智能翻样、优化断料、智能预警等功能。通过云平台自动从节段梁设计施工图纸中提取钢筋工程量,形成工程量清单;自动从设计施工图纸中提取节段梁钢筋配筋大样信息,生成钢筋半成品配料清单,指导加工下料。对半成品配料清单信息进行自动筛选整合,选取最优配料方式节约钢筋原材,同时智能分析钢筋余料信息,提高钢筋原材料利用率。通过智能设备实时反馈加工数据,实时进行监管,并在生产异样时及时发出警报,便于现场及时解决。

钢筋云工厂中,对钢筋加工设备也进行了数字化升级。研发了行业内首套无人剪切卧弯生产线,通过增设物流转运装置和光电开关对传统卧式弯曲中心进行无人化改造,并集成自动上料机和自动剪切线,可实现25mm以上大直径钢筋连续自动化生产,提高钢筋半成品生产效率。针对钢筋智能翻样和下料,自主研发渐变钢筋自动拆分和超长钢筋自动断料算法、钢筋下料优化套裁算法,准确快速生成钢筋料单和图纸量清单,并生成最优钢筋下料方案,提高材料利用效率。

(2)混凝土云工厂(图8-40)

图8-40 混凝土云工厂

混凝土搅拌站采用混凝土云工厂,通过输入浇筑部位,填报部位混凝土方量、强度等信息,由工程技术人员发起浇筑令后,由试验室确定配合比,然后由搅拌站站长分配任务,再由搅拌站操作员在工控系统中填报任务编号。根据生产监控实际生产方量,结合实际配合比原料用量,系统自动计算生产原料实际消耗量,并自动更新原料库存量并且系统支持按车次、盘次获取并展示明细信息。混凝土云工厂实现从原材料进场到混凝土运输至项目现场的全过程精细化管理,通过集成各种智能化技术及设备,获取更多信息实现更全面的分析和现场智能调度,提高生产效率,减少损耗,保证混凝土质量。

混凝土云工厂具有配合比监控、出料监控、粉料库存监控、生产管理、试验管理、数据统计等功能。

(3)节段梁云工厂(图8-41)

根据建设需求,搭建装配式桥梁数字化建造云平台,从梳理现场生产流程开始,综合运用移动互联网、物联网、大数据、云计算等新一代信息技术，实现节段梁制造的数据化、可视化管理。基于标准化生产工艺的产品数字化云平台，实现节段梁的预制、仓储、运输等环节的数据采集和系统对接，通过对平台大数据的全方位分析，辅助生产环节进行智能决策，实现资源的合理配置。

图 8-41 节段梁云工厂

节段梁云工厂平台具备生产管理、仓储管理、运输管理、BIM 可视化及安装管理等功能。平台根据现场梁段安装计划及安装工况、梁厂预制台座及资源配置、不同类型梁段功效、预制台座梁段实际生产工况等对节段预制进行生产计划管理，实时更新。对已浇筑成品节段安置梁段信息芯片，梁段堆放至堆存区域后识别芯片信息，通过在数字化平台系统内录入梁段堆放位置信息对堆存梁段进行仓储管理，将堆存场地可视化。将节段发运船舶、梁段堆放落泊图等信息录入数字化管理平台，通过对梁段发运船舶及梁段进行监控实现船舶运输管控。平台对设计节段类型建立 BIM 可视化模型，并智能联动张靖皋长江大桥节段梁现场安装单位，对已发运梁段安装情况进行实时监控。

节段梁云工厂中，对"智能测量系统 + 底模自动调位系统"及模板自动打磨机器人进行研发。智能测量系统 + 底模自动调位系统首先对传统底模台车进行升级设计，实现底模台车的自动化控制，通过智能调位软件系统将模板调位各个单独的工序进行整合，形成集测量数据分析、关键参数辨识、高精度过程控制于一体的混凝土节段梁短线匹配预制智能控制系统。

模板智能清理机器人是将模板打磨清理 + 涂刷脱模剂工序整合，通过预设的自动程序和智能雷达感应技术实现自动化操作。通过控制柜录入模板打磨参数信息,安装模板打磨机器人(图8-42),模板打磨机器人通过强力磁吸固定在模板上,工作时通过远程遥控操作器进行作业。同时,模板打磨机器人内部安装可视化摄像头,可将视频实时输送至控制柜看板,通过看板反馈模板清理情况对模板打磨机器人的速度和力度进行调节,实现模板清理工序智能化施工,在提高模板表面清洁度的同时降低人员施工安全风险。

图8-42　模板打磨机器人

(4)钢结构工厂

钢塔节段智能制造基地以数字化制造生产线为支撑,利用物联网技术、仿真技术、智能监测和监控技术进行信息可视化管理服务。基地通过数据采集平台的开发、数据的接入和智能化设备运维系统的建设,实现对反变形船位埋弧焊接机床、门式横隔板智能焊接机器人等30余台车间大型车床和设备的监控、预警和全生命周期统一管理。图8-43所示为钢塔节段制造可视化平台界面。

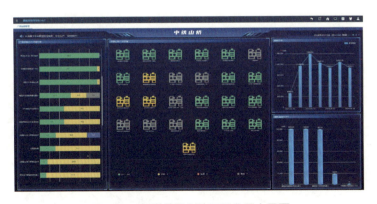

图8-43　钢塔节段制造可视化平台界面

板单元制造按照钢板赶平及预处理—数控精切下料—零件加工—自动组装+焊接机器人—板单元数控矫正的顺序进行。以大型钢梁制造项目为实施载体,以关键制造环节智能化为核心,以工业物联网作为支撑,通过信息交互,实现桥梁钢结构项目整个生产过程的协同设计、优化控制、智能调度、状态监控、质量管控,增强生产过程透明度,提高生产效率、提升产品质量;通过数字化车间建设,带动技术突破,增强自主创新能力,引领行业技术进步,打造可推广的桥梁钢结构智能制造工厂新模式。图8-44所示为钢结构智能制造管理系统界面。

图8-44　钢结构智能制造管理系统界面

基地采用新型智能生产设备,对板钢材构件预制实现自动化升级。

①全自动钢材预处理设备。全自动钢材预处理设备可以实现钢板的赶平、抛丸除锈、喷涂车间底漆、烘干等功能。赶平可减小钢板的残余变形(尤其是局部硬弯)和扩散轧制内应力。此外,采用磁力起重机上下料,避免虎头卡吊装使钢板产生局部塑性变形。

②切割下料生产设备(图8-45)。板材数字化下料生产线可实现联网管控,主要包括空气等离子数控切割机、数控火焰切割机等。

图8-45　切割下料生产设备

③板单元数字化组焊生产线。板单元数字化生产线能够有效保证板单元的组装精度、焊缝成形及内在质量,该套设备与技术达到了国际先进水平。主要包括板单元反变形船位焊接机器人机床、板单元数控矫正机床、门式智能焊接机器人系统。

板单元自动化组装系统具有组装前钢板焊缝区域自动打磨、除尘功能,可改善施工环境;焊接机器人系统完成定位焊,采用电弧跟踪技术,跟踪定位可靠,可有效保证坡口根部焊缝熔合质量。图8-46所示为板单元自动化组装设备。

图8-46　板单元自动化组装设备

板单元反变形船位焊接机器人(图8-47)系统接触传感时焊缝跟踪装置,精确跟踪焊缝位置,保证焊接质量,埋弧自动焊船位焊接,焊缝外观成形好、熔深大、焊缝质量稳定,全熔透率在98%以上。

图8-47　板单元反变形船位焊接机器人

板单元数控矫正机床通过图像识别,智能感知检测板单元焊后平整度,进行自动化机械矫正,确保矫正后板单元平面度达到1mm以内。

门式智能焊接机器人系统焊前自动传感定位,双焊枪两侧对称施焊。焊接时自动从平位转到立位,两种不同位置连续施焊,中间无须停弧,端头自动连续包角焊。焊接机器人系统完成定位焊,采用电弧跟踪技术,保证焊缝质量。

8.3.2.2 地下连续墙智能施工应用

张靖皋长江大桥南航道桥锚碇采用支护转结构复合地下连续墙锚碇基础及框架式锚体,北航道桥南锚碇基础采用圆形地下连续墙复合锚碇基础,地下连续墙是施工的重难点之一。地下连续墙是在地面上采用一种挖槽机械,沿着深开挖工程的周边轴线,在泥浆护壁条件下,开挖出一条狭长的深槽。清槽后,在槽内吊放钢筋笼,然后用导管法灌筑水下混凝土筑成一个单元槽段,如此逐段进行,在地下筑成一道连续的钢筋混凝土墙壁,作为截水、防渗、承重、挡水结构。

项目采用视频识别终端+摄像头、工业相机、微型气象监测站、倾角仪等传感器,通过信息化技术建立地下连续墙智能建造平台(图8-48)。平台监控地下连续墙施工过程中的人机料法环安全要素生产过程,并且通过三维BIM模型挂接相关信息,实现现场施工信息化、可视化。应用视频识别技术实时监测铣槽机运行状态,确保成槽垂直度,并通过"地层—机器—成槽"参数数据库,智能选择当前地层适宜的铣槽参数,实现智能化铣槽。

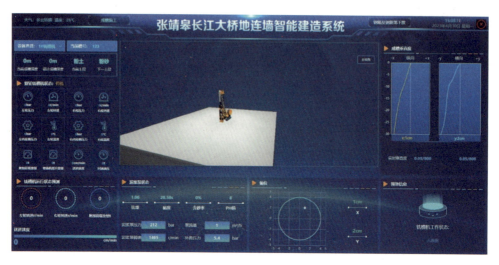

图8-48 地下连续墙智能建造平台

地下连续墙施工采集双轮铣槽机实时数据进行仿真建模,利用铣槽机偏位数据实时监测成槽形态,及时纠偏。通过接触式成孔检测仪,成槽过程中间隔性对槽段垂直度进行检测,实现槽孔形态可视化质量评价。围绕钢箱下放精度,重点控制入槽姿态,实时采集钢箱上倾角仪姿态参数，建立云端数据交互机制，根据钢箱偏位、倾斜数据进行虚拟安装，采用调位设备对钢箱姿态进行调整，确保满足精度要求。打造深层地基加固实时孪生模块，通过采集超高压旋喷设备的运行数据参数和在设备上安装传感器的方式，将数据实时采集并自动上传至平台，可视化实时显示旋喷施工状态，对引孔垂直度、喷浆量、喷浆压力等关键指标进行实时预警。

钢箱或钢筋笼下放数字孪生界面通过构建双机抬吊钢箱竖转下放施工场景，实时采集钢箱位姿数据来驱动模型三维动态展示，实现钢箱吊装施工过程数字孪生。地下连续墙孪生制造平台(图8-49)分为多级场景构建，创新性地应用全场景+深化场景模式，减去了以往孪生场景中通过卡片点选切换的形式，极大地提高了体验度、集成度和应用效率。区别于一般的数字孪生场景中简单的进度标识模式，地下连续墙孪生制造平台针对地下连续墙每一幅槽段，创新性地设定唯一标识码，无缝匹配槽段施工顺序变化，解决以往地下连续墙施工槽段进度管理自适应的痛点、难点。开发单槽深化场景界面，针对每一幅地下连续墙的关键控制指标进行深度体现，让管理人员全面总结已施工槽段，指导计划施工槽段。

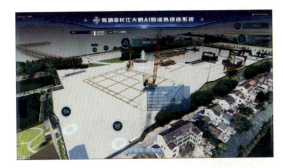

图8-49 地下连续墙孪生制造平台

8.3.2.3 大体积混凝土智能温控应用

张靖皋大桥跨江段全长7859m，南航道桥主塔采用钢箱-钢管约束混凝土组合索塔及钻孔桩基础，北航道桥主塔采用钢索塔及钻孔桩基础，引桥均采用节段预制悬臂拼装施工的预应力混凝土连续刚构桥，项目建设中对大体积混凝土施工质量要求极为严格。为保证大体积混凝土施工质量，项目相关标段采用大体积混凝土智能温控系统(图8-50)，实时监测混凝土内外温度，智能化调节水箱机进出水口温度，提升混凝土施工管控水平。

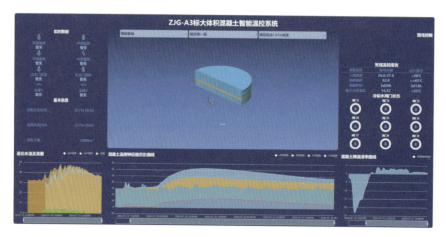

图 8-50　大体积混凝土智能温控系统

大体积混凝土智能温控系统采用无线数据采集设备（HWDAC）、数据通信模块（DTU）、无线流量调节装置及智能养护设备，自动采集包括大体积混凝土内部、表面、侧面及环境温度，冷却水管循环水流量值，进出水口温度值。用户可通过手机在线实时接收现场的监控数据。同时，系统还设计了温差查询功能，可实时查询混凝土内表温差、最高温度、实时数据及变化曲线。

智能管冷监测控制系统（图 8-51）采集的数据主要包括混凝土内部最高温度 $T1$、混凝土表面温度 $T2$、进水温度 $T3$、出水温度 $T4$、环境温度 $T5$ 及水管流量 Q。平台根据采集的数据进行汇总，根据预先设定的程序对收集的数据进行处理，形成数据特征曲线图及相应表格。系统针对不同的处理结果对控制装置发出不同的指令。

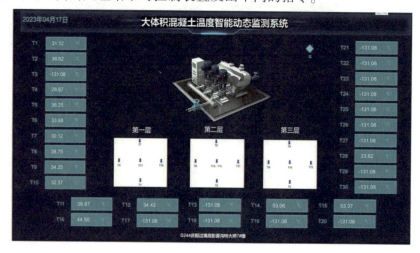

图 8-51　智能管冷监测控制系统

大体积混凝土施工时,待底部钢筋安装完成后,根据温控设计要求高程、布置间距与回路长度,安装冷却水管、连接冷却水管与分水器、流量传感器、控制阀、增压泵以及冷却水箱。

混凝土浇筑前,安装温度传感器、检测仪接收信号模块,联通电源及网络信号,测试初始数据,查看测点是否正常工作。混凝土浇筑过程中,首先测量大体积混凝土水化热情况,根据升温情况以及进出水温差,系统自动调整水流量,初期采用外循环,并根据出水温度情况,自动判断是否需要添加冷却水。待初凝后逐步升至内部最高温,切换为内循环,根据降温速率大小自动调整控制阀开合度,以控制降温速率在允许范围内。

大体积混凝土智能温控系统实现了三维模型与施工日报数据的贯通,驱动模型显示实时完成进度,同时展示混凝土温度测点分布图,实时了解混凝土内各部分温度状态,实时展示混凝土内表温差、混凝土最高温度、表气温差、水与混凝土温差等关键控制指标,可实现多平台(Web端、App端)查看,全程掌握混凝土温度变化动态。

8.3.2.4 沉井智能施工应用

张靖皋长江大桥北航道桥北锚碇基础采用沉井基础,施工一共分为4次接高和4次下沉。首次接高1~4节,进行第一次排水下沉,后续接高第5~6节、第7~8节、第9~11节,分别进行第二、第三、第四次不排水下沉。项目采用GPS、应变传感器、水位传感器、电子水准仪等,监测施工过程沉井的几何姿态、沉井钢壳及混凝土应力、侧壁土应力、地下水位等参数,并建立沉井智能建造系统(图8-52),对沉井施工全过程进行监测。

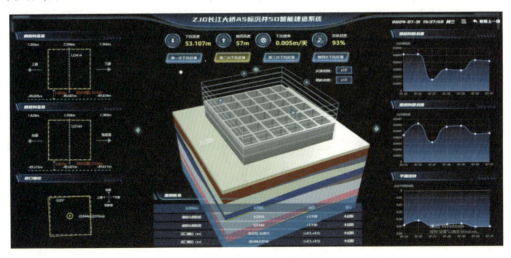

图8-52 沉井智能建造系统

沉井智能建造系统功能包括智能监测、智能取土和智能决策。

（1）智能监测

对沉井全方位预埋设备传感器，并孪生沉井数字模型，对沉井自身结构进行实时监测，包含水位、力学、姿态监测三部分。水位监测通过监测探头实时反馈沉井内外水头差，确保井孔内水位始终高于外围地下水位。力学监测通过智能传感系统，实时反馈基底土压力、侧壁土压力和沉井应力情况，结合三维土层模型，帮助技术人员全面了解下沉过程力学状态并进行动态调控。姿态监测通过在沉井顶面安装的定位传感器，实时监测与孪生沉井当前三维姿态，并与理论姿态实时对比分析及预警，指导沉井下沉过程动态纠偏。

（2）智能取土

针对以往工人对吸泥取土设备操作不规范、取土不均匀等情况，将传统的施工行为智能化，主要应用于沉井不排水下沉期间。通过系统与智能取土装备联动，创新性采用"时间+深度"控制门式起重机，按照既定路径定点、定量吸泥取土，同时吸泥管探头对井底的泥面高程进行自动测量，系统拟合三维泥面高程模型，可视化查看井底泥面状态。利用云计算，对门式起重机的取土施工进行功效分析，指导取土作业。

（3）智能决策

利用AI算法预测未来一定时间范围内沉井下沉的精准度，辅助施工人员作出前瞻性决策。通过系统内海量历史数据及深度学习算法，基于当前沉井所处的地质状态及应力分布状态，对沉井的各项关键指标进行超前预测，提前规避沉井拒沉、偏沉甚至突沉等情况。

8.3.2.5 钢塔智能吊装应用

钢塔智能监控平台（图8-53）、钢塔智能吊装平台（图8-54）通过北斗定位、倾角测量、激光测距、无人机倾斜摄影等技术，对钢塔吊装节段的空间姿态和位置进行实时监测与分析，为塔式起重机司机在钢塔吊装过程中空间姿态调整及吊装运行路径提供最优决策建议，实现钢塔节段吊装过程位姿自动监测及辅助纠偏。通过设备工作状态的实时反馈与实时控制，将感知监测数据反馈至数字平台，实现超重钢塔节段高空智能吊装及调位、快速匹配连接的全过程智能施工控制，达到超高大吨位钢塔快速、安全以及高精度安装的目标。

图 8-53 钢塔智能监控平台

图 8-54 钢塔智能吊装平台

钢塔智能监控平台、钢塔智能吊装平台具备以下功能：

①实时监测吊装节段三维姿态，显示节段实际位置与设计位置三向偏差，并根据偏差数据与塔式起重机协同，指导塔式起重机进行调节，提高吊装效率；建立钢节段吊装数字孪生模型，实时显示节段相对位置。

②实时发出钢塔空间姿态纠偏决策指令。

③通过设定钢塔节段安装目标值，实现以北斗卫星导航系统数据驱动数字模型，同步模拟现场钢塔吊装过程。

④以钢塔节段安装目标为"目的地"，为塔式起重机司机提供吊装"导航"服务。

⑤现场作业工人运行轨迹实时监控。

⑥通过布设锚索传感器、应力传感器、静力水准仪等设备,自动化实时采集钢塔锚杆力、应力、温度场、基础沉降等数据,直观展示主塔安装线形,并通过阈值的设定,进行自动化分析预警。

8.3.2.6 液压爬模施工应用

液压爬架的爬升运动通过液压油缸对导轨和爬架交替爬升来实现。导轨和爬架二者之间可进行相对运动。在进行钢塔焊接作业过程中,导轨与爬架均牢固地安装于埋件支座上,确保在此阶段两者之间不存在任何相对运动。焊接作业完成后,随即吊装下一节段的钢塔,并通过受力螺栓将附墙挂座安装于钢塔之上。随后,需调整上下换向盒舌体的朝向,以便于导轨的爬升操作。当导轨爬升至预定位置并稳固地固定于附墙挂座上后,操作人员可转移至下平台,拆除因导轨提升而暴露的下部附墙挂座。在确保爬架上所有拉结均已解除后,方可开始爬架的爬升作业。在此过程中,导轨保持静止状态,通过调整上下舌体的方向并启动油缸,使爬架相对于导轨实现向上移动。借助导轨与爬架之间这种交替附着与提升的机制,爬架能够沿着墙体逐步攀升,直至钩挂于上一层的附墙挂座上,从而完成逐层的爬升作业。

智能液压爬模系统(图8-55)采用PLC触摸屏人机界面系统,用于监测施工过程中的各种参数,利用压力传感器和位移传感器对爬模架体进行信号闭环反馈,进行同步爬升超限报警、过载停机,从而实现对操作过程的实时监控。

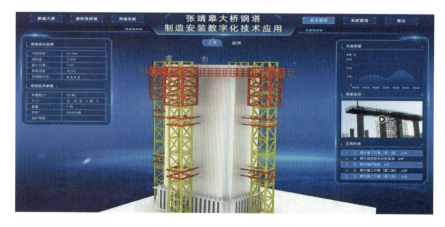

图8-55 智能液压爬模系统

智能液压爬模系统的应用,有效降低了爬架施工过程中的安全风险,降低了安全事故的发生率。通过实时监测和远程控制,系统能够及时发现和处理隐患,提高施工作业的安全性和可控性。

8.4 常泰长江大桥

8.4.1 项目简介

常泰长江大桥是《长江经济带综合立体交通走廊规划(2014—2020年)》中明确的重要项目,连通常州与泰兴两市,为目前在建世界最大跨径公铁两用斜拉桥。项目起于泰兴市六圩港大道,跨长江主航道,经录安洲,跨长江夹江,止于常州市港区大道。常泰长江大桥是高速公路、城际铁路、一级公路"三位一体"的过江通道。

常泰长江大桥距江阴长江公路大桥约27km,全长10.03km,其中,公铁合建段长5299.2m,下层公路接线长4730.8m。主航道桥为主跨1176m的斜拉桥,天星洲专用航道桥和录安洲专用航道桥均为主跨388m的钢桁梁拱桥。

常泰长江大桥采用上下层布置,上层桥面为双向六车道高速公路,设计速度为100km/h,下层桥面为设计速度200km/h的两线城际铁路与设计速度80km/h的普通公路。为了顺利建设该项世界级工程,解决最大跨径公铁两用斜拉桥施工技术难点,项目部在建设过程中积极探索应用智能建造技术,在钢桁梁制造、节段梁制造、沉井智能施工、液压爬模施工、钢梁吊装施工等方面取得了一系列技术成果。

8.4.2 智能建造施工应用场景

8.4.2.1 钢桁梁制造应用

常泰长江大桥钢结构制造以云建筑信息模型(iBIM)平台为基础,进行桥梁钢结构协同制造云平台整体设计。利用私有云服务,从钢桁梁制造车间生产计划、过程协同、资源(设备、人力、场地)管控、质量管控、决策支持以及车间信息的互联互通六个方面着手,通过数字化仓储、计划排产、物流管控、精度管控、质量管控、资源管控和决策分析等功能模块,实现制造车间生产过程的自动化、信息化、网络化、数字化的管理与控制。

iBIM平台通过对各系统深度集成、协同应用,打通设计、工艺、计划、生产、执行、资源配套关联,实现桥梁钢结构生产制造全流程数字化管理;通过产线、关键生产单元数字化升级、设备关键加工参数的联网采集监控,实现管理信息化与产线集成、人机协作、生产现场可视化,共享进度、质量、安全等多维度信息,通过数据分析,快速作出正确决策。通过信息化集成,实现横向业务协同、纵向数据联动,优化业务流程,实现更好协作。在实现信息系统高度集成的基础上,深度挖掘iBIM系统数据库,在指挥中心看板上集中展示,如图8-56所示。

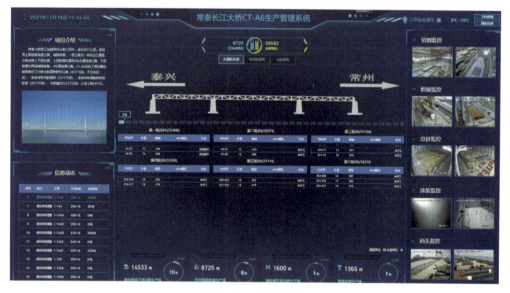

图8-56 综合看板

iBIM平台的具体功能如下:

(1)生产计划与执行

应用iBIM系统从企业资源管理(ERP)、产品生命周期管理(PLM)系统读取主生产计划和工艺数据,实现车间数字化排产。利用自主开发的模型轻量化技术,方便移动端查看BIM和图纸、工艺、检验规程等文件,及时、准确指导作业。应用手持终端扫码报工、报验,采集生产数据,实时反映板单元和梁段的制造进度。规范处理问题,质量监督检查高效协同,质量记录与BIM模型及时关联,实现可追溯。通过调度指挥中心远程监控,及时掌握现场施工动态,及时预警纠偏,保障生产可控。图8-57所示为数字化排产与执行。

 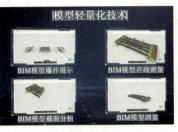 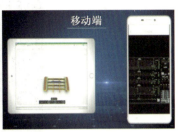

a)车间智能排产　　　　　b)模型轻量化　　　　　c)技术资料移动端展示

d)移动端扫码报工、报验　　　　e)移动端质量检查

图 8-57　数字化排产与执行

（2）数字化焊接与涂装

在 BIM 模型中建立焊缝地图，实现焊缝的设计、施焊和检验等信息的全面集成。应用焊接管理系统实时可视监测焊接过程，分析焊接数据，控制焊接过程稳定。应用数字化涂装管理系统，实现人机交互，通过"集中监视、分散控制"，保证机器人准确作业。自动采集和存储环境数据、施工数据、检测数据，有效控制涂装质量，满足健康、安全、环境三位一体管理（HSE）要求。图 8-58 所示为数字化焊接与涂装。

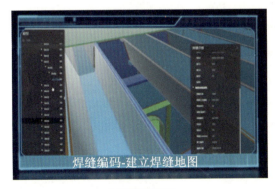 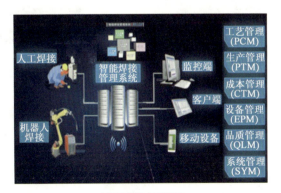

a)焊缝地图管理　　　　　　　　b)智能焊接管理系统

图　8-58

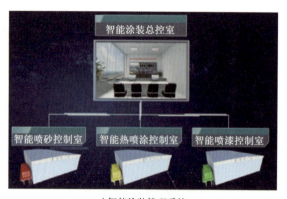

c)智能涂装管理系统

图 8-58　数字化焊接与涂装

(3) 智能管理与保障

通过 iBIM 平台,将安全操作规程推送到一线员工,使一线员工增强安全意识,杜绝违章,提高效率。应用移动 App 随时采集推送安全问题,动态响应,及时整改,实现流程闭环管理,保障本质安全。通过监控系统采集现场视频数据,应用人工智能技术,找出安全隐患,做到安全防范。通过工业物联网(inIoT)管理系统,实时监控关键设备状态和运转参数,并自动采集、分析,减少故障,为顺利生产提供保证。通过资产管理系统(EAM),3D 图形化展现生产设备设施,实施精细化管理。对能源进行电子监控,提高资源管理效益。图 8-59 所示为智能管理与保障。

a)三维安全交底

b)智能采集安全隐患

c)动态采集安全问题

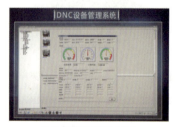

d)设备管理系统(DNC)

e)设备设施三维图形化管理

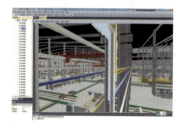

f)能源电子监控

图 8-59　智能管理与保障

(4)智能仓储与配送

应用 ERP 系统实施仓储管理,通过扫码进行入库、出库管理,实时掌握材料采购动态。钢板实施单件管理,实现库存定位和追踪。应用 iBIM 平台实施配送管理,跟踪零部件转序过程,自动进行齐套检查,实现准确调度、配套生产。应用二维码物联网技术对产品发运清单进行智能核对,提高物流工效。可视化追踪产品运输轨迹,做到施工配合精准、可控。

8.4.2.2 节段梁制造应用

通过搭建智慧梁厂信息化管理平台,实现智慧梁厂智慧生产运营。以平台为载体,以生产进度控制为主线,将节段梁预制生产过程中涉及的人、机、料、法、环全要素纳入智慧梁厂进行统一管理,实现预制梁厂生产智能化、进度控制可视化、仓储物流便捷化、物料跟踪精细化、构件跟踪信息化、指挥调度决策科学化。图 8-60 所示为节段梁制造可视化管理。

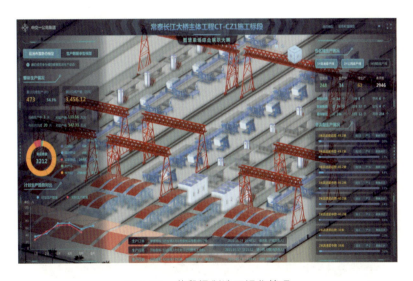

图 8-60 节段梁制造可视化管理

(1)智能生产管理

通过自动、实时获取施工工序数据,能够及时了解现场施工动态,准确作出相应资源调整。实时采集预制梁生产状态和存梁状态,以 BIM 模型为基础实时展现当前预制厂生产进度状况,同时根据提前设定的施工计划,系统自动生成构件生产清单,指导进度管控安排。图 8-61 所示为节段梁智能生产管理。

图 8-61 节段梁智能生产管理

（2）物料订单配送

根据预制计划，在系统中选择需要生产的梁进行下单，订单指令自动分发到各个台座负责人，接收梁段绑扎、浇筑任务；系统将各待生产梁段所需半成品材料进行分类型统计，生成各项半成品加工采购计划，物料相关人员根据计划明细进行加工、采购、备料，接到预制工区和绑扎工区利用手机 App 下的订单后，按照订单中的型号、数量要求，由后场人员准确及时地配送到对应工区，形成闭环。

（3）预制梁全生命周期信息跟踪

平台针对每一榀节段梁，通过过程信息的采集关联（图 8-62），记录每榀梁所使用的原材品牌批次信息、试验质检记录、相关人员机械信息等，确保每榀梁全生命周期质量信息可溯源。

图 8-62 节段梁生产信息查询

(4)可视化仓储物流中心

存梁过程中,平台自动记录每一榀梁的仓储位置,现场人员可直观查看每一个存梁位的占用、闲置状态,以及仓储的具体梁段信息(图8-63),方便现场存梁、找梁、提梁。借助物联网设备,实时采集门式起重机吊重、位置等数据,技术员可通过手机App下发预制梁提梁任务,平台将存梁情况自动推送至现场技术员和门式起重机终端,门式起重机司机根据相关信息找寻预制梁位置即可完成提梁。

图8-63 节段梁存梁信息展示

8.4.2.3 沉井智能施工应用

常泰长江大桥项目针对沉井施工监控,开发了基于"端—边—云"物联架构以及数字孪生的沉井智能辅助决策系统(图8-64)。该系统可监控泥面高程、沉井姿态与应力、下沉阻力、设备状态等关键参数,形成贯穿沉井下沉施工全过程4D模型,实现沉井的数字化、智能化可控下沉。

图8-64 沉井智能辅助决策系统

围绕注水着床阶段和智能下沉阶段监测数据,如注水着床阶段环境监测、注水监测、锚缆力监测、二维姿态及三维姿态监测数据,智能下沉阶段环境监测、二维姿态及三维姿态监测、二维土压力及三维土压力监测、应力监测等数据,通过标准化接口进行集成,并开发相应监测界面进行展示(图 8-65、图 8-66)。

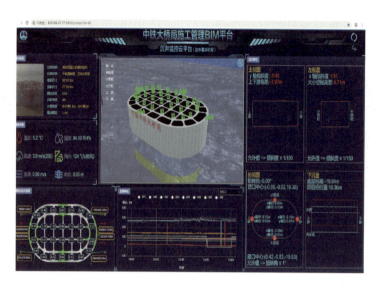

图 8-65　注水着床阶段施工监控

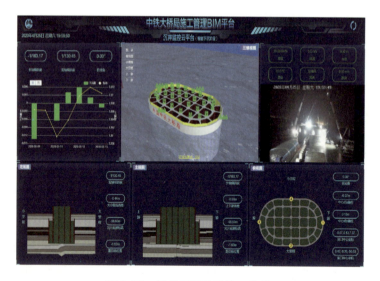

图 8-66　智能下沉阶段施工监控

基于实测数据及控制策略,沉井智能辅助决策系统为常泰长江大桥沉井高效平稳下沉提供了有力支撑,实现了黏土层内单日下沉量超过 0.2m 的超高效率,以及沉井下沉全过程倾斜度不超过 1/100、终沉状态中心偏位不超过 0.1m 的精准下沉目标。

8.4.2.4 液压爬模施工应用

常泰长江大桥塔柱标准节段(第 10~34 节段)采用新型智能液压爬模施工,待第 9 节段施工完成开始重新安装爬模系统。为了实时监控爬模施工过程中的现场作业风速、风向、温湿度、混凝土表面温度、液压动力柜运行状态、喷淋状态、爬模结构承载力、爬模结构倾角等,在爬模上埋设监测原件和设备,在主塔爬模爬行过程中监测爬模结构状态,通过监测现场作业风速、风向、温湿度,提前发布天气预警信息,为现场施工提供安全保障。爬模喷淋养护过程中,实时监测混凝土内外表面温度,对数据进行分析,及时开启喷淋养护。

为了更好地集中监控和展示爬模系统的工作状态和相关监控数据,塔上的传感器和主控开放数据接口,可以将数据包以无线传输/互联网/5G 等方式传输至信息管理中心,满足智能化、信息化管理需求。搭建爬模智能监控系统平台,集成环境安全、结构监测、智能识别、工效分析、智能养护等多方面数据,通过数据实时采集与处理,实现爬模施工的安全预警与三维可视化展示。

(1)风力监测

在爬模顶层安装风速监测传感器,实时反映施工现场施工状态,同时将风速监测设备数据通过监测平台进行数据接入。当风速达到对应风速等级时,系统自动报警。

(2)人员行为监测

依托视频流数据,利用 AI 技术排查现场布设的智能视频分析盒子,实现对不安全行为[如安全绳的佩戴、施工人员姿态识别及预警(跌倒预警)等]的监测,并将监测结果推送给现场施工管理人员,实现闭环处置管理。

(3)结构监测

在液压操作层安装双向倾角仪监测爬模架体整体稳定性,对超过限度值(5°)的爬模架体进行预警,保证爬模施工过程中爬模架体姿态稳定;在液压操作层承重三角斜撑处安装表面型应变传感器,监测各作业面受力情况,超过阈值时进行播报,做到实时预警、及时处理。

(4)工效分析

在塔肢出入口安装监控探头,利用 AI 技术,统计当前每个塔肢模板中的作业人员数量,实时反映现场的施工人数,并通过材料溯源使用情况以及实际施工进度数据,将材料使用量与统计人数相结合,计算统计实际爬模工效,实现爬模施工过程中包括节段以及模板、钢筋、混凝土等施工工效信息的统计。

（5）喷淋养护监测

为了保证桥塔混凝土的养护质量，避免混凝土表面水分蒸发以及温度差异形成裂缝，设置了智能喷淋养护系统，即对每节塔柱的内部温度、养护温度、环境温度进行实时监测和预警，当混凝土表面湿度低于75%时自动启动喷淋系统，及时改变养护温度，实现对混凝土养护过程的精确控制，有效控制裂缝产生，提高施工质量。

8.4.2.5 钢梁吊装施工应用

为实时监控了解钢梁吊装过程中的应力、吊钩状态、钢梁姿态、架梁起重机运行数据（工况参数、运行状态）等，综合应用BIM、物联网、人工智能等技术，研发了钢梁悬臂拼装智能建造系统（图8-67、图8-68），对钢梁悬臂拼装过程中的钢梁的位置、姿态、视频监控、桥面起重机运行状态等数据进行实时监测、展示和预警，对吊装钢梁位姿等参数和起重机运行状态进行一体化监测，实现从状态监测到反馈调整的精准闭环控制，实现钢梁架设状态实时监测预警与吊装过程高效指挥。

图8-67　钢梁悬臂拼装智能建造系统（拼装过程监控）

此外，开发了桥面起重机智慧控制平台（图8-69），以云技术为支撑，结合数字孪生方法，实现实时起吊、移位、三维状态可视化及故障的三维警示。并研发云实时远程监控系统，结合开发的物联网平台进行远程实时管理与调控。同步研发基于测量传感技术的快速自动对位装置和智能控制系统，解决钢桁梁对位精度、效率问题。

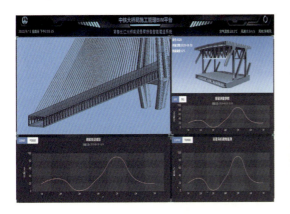

图 8-68　钢梁悬臂拼装智能建造系统(线形监测)

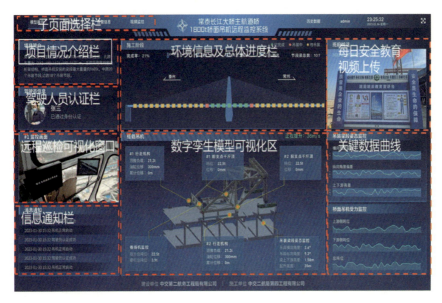

图 8-69　桥面起重机智慧控制平台

8.5　数字交建平台

8.5.1　平台简介

为了推动数字技术与交通运输融合发展,促进交通运输提效能、扩功能、增动能,2022年,江苏省交通运输厅印发《江苏数字交通发展三年行动计划(2022—2024 年)》。该行动计划指出,通过三年努力,形成"创新链+产业链+应用域+数字安全"的江苏数字交通框架体系,"数字技术创新活跃、产业集群高地凸显、交通新基建协同发展、运输服务智能便捷、行业治理数字转型、支撑体系健全有力"的江苏数字交通发展水平大幅提升。

分析江苏省数字交通发展趋势,锚定高速公路基础设施数字化发展目标,打造交通新型融合基础设施,实现数字化转型发展。以夯实数字底座为基础,以数字创新技术为驱动,以数据潜能价值为抓手,以打造交通新型融合基础设施为重点,不断优化高速公路建设数字化转型发展环境,通过三年努力,形成"全项目+全过程+全周期"的数字交建框架体系,构建 1 个数字中心,完善 7 个数据中心,深化 3 个协同平台,打造 9 个数字能力,建成 N 条数字高速公路,形成"1739+N"数字交建模式。"数字管理高效、数字设计先进、数字安全可靠、数字施工智能、数字建造领先、数字检测精准、数字监测可控、数字'双碳'创新、数字协同共享"的江苏高速公路建设管理数字化发展水平大幅提升。图 8-70 所示为数字交建系统平台。

图 8-70　数字交建系统平台

8.5.2　九大业务模块

8.5.2.1　数字管理模块

数字管理模块主要用于展示江苏省交通工程建设局内部及在建项目信息在线办公情况统计、项目进度、人员日常管理、计量支付情况、党建建设状况、科研创新进展、档案归档情况、人才建设、品质工程创建、劳务人员工资发放,实时反映整体数字管理应用状况。

数字管理模块数据是从各项目实时获取的,各项目信息化应用供应商不固定所以数据格式也不一致,平台根据业务特点并调研各个项目应用情况,定制了各个模块的标准接口,各个项目根据标准接口上传对应的数据到数字交建平台。获取的数据包含:动态履约人员基本信息数据(包含进出场、证书、学习等信息)、每日人员考勤情况、各标段劳务人员工资发放记录情况(金额、覆盖范围)、各标段计量支付每期的基本数据(计量对象、计量金额、计量时间等)、党建活动次数、项目动态次数、上传施工计划数量、各标段品质工程考核评分数值(统一转成百分制)、科研项目进展数据(经费、进展节点、成果等)、归档实时动态数据、OA收发文次数、OA流程综合信息(流程数量、流程各节点处理时长)。此外,结合当前已建设好的安全数据中心,部分人员相关数据可从中心获取。数字管理模块还预设与第三方平台对接的交互,主要预设了与江苏交通控股有限公司以及各地市平台的协同交互。

模块根据采集到的项目信息以及投资数据展示分析近几年逐年建设里程和投资金额,可以了解近年来江苏省交通工程建设局在高速公路建设投入的一个整体趋势。根据办公协同数据可以分析出各个时间段各个项目处理各种类型流程情况,也能反映各个项目在线上处理流程的应用效率。通过获取人员基本信息和考勤数据,可以了解各个项目团队建设状况和履约情况。通过获取科研数据及档案数据,可以了解整体项目科研管理和档案归档情况。

数字管理模块引入了模块综合指数,反映各个标段的管理情况,指数统计最小周期为月,主要是基于进度执行、施工履约人员考勤率、各项目履约人员职称占比、收发文处理时间、流程处理节点平均时间、党建活动次数、品质工程考核评价分等再结合定量公式计算获取每个项目的数字管理综合指数,通过指数排名来对比各个项目在数字管理建设中的应用好坏。图8-71所示为数字管理模块界面。

8.5.2.2 数字设计模块

数字设计主要用于推动BIM正向设计与相关设计管理工作,提升工程数字设计水平。数字设计模块主要包括设计管理图纸管理、正向设计管理、BIM + GIS 管理、仿生管理、WBS源数据管理、设计评价管理。平台依据业务需要,定制统一传输接口,实现与各个项目设计模块数据联通。

图 8-71　数字管理模块界面

BIM 设计重点展示长江大桥、跨江隧道等重大工程 BIM 正向设计要求和"一模到底""一模多用"模式的应用概况。在持续推进 BIM 正向设计基础上,全过程数值记录设计与落实全流程,实现对设计工作成效的量化数字评价;展示主要设计方案的碳排放定额,设计定额费率联动碳排放交易市场。图 8-72 所示为数字设计模块界面。

图 8-72　数字设计模块界面

8.5.2.3 数字安全模块

数字安全模块主要是在安全数据中心的基础上,导入关键结果数据,重新汇聚设计平台。数字安全模块通过数据采集、分析、决策,支撑"坚守安全底线,严控施工安全风险"。本模块数据主要通过与安全数据中心以及平安守护系统互联互通,涵盖内容包含应急管理、视频布放管理、安全巡查管理、安全活动管理、安全经费管理、安全预警管理、安全教育管理(云课堂管理)。

通过开发协同系统平台统一传输协议,实现数据收集。收集的数据包含安全行为抓拍预警概况(周期性各种严重性的安全行为抓拍次数)、各项目危险源数据、日常检查周期性数据(每天/每周检查数量以及检查结果分析占比数据)、安全大检查周期数据、各项目安全经费分类数据(定期更新上传)、安全活动和教育周期性及覆盖率数据、特种设备数量及施工安全状况。

数字安全模块主要依托江苏省地图展示各个项目安全建设情况,通过地图区域可以整体展示全局产业工人人数、在场人员、在场特种设备数量、技术交底数量、隐患数量,点击地图上展示的项目可以查看项目对应的安全明细数据。数字安全模块主要展示安全管理指数排名、安全教育与交底数据、危大工程占比及分布、隐患排查及闭合处理情况、应急管理数据、视频布放安全识别数据等。图 8-73 所示为数字安全模块界面。

图 8-73 数字安全模块界面

8.5.2.4 数字质量模块

数字质量模块用于展示江苏省交通工程建设局项目质量检测、预警管理、质量溯源等方面的内容，基础数据实时采集和动态分析，评价各项目施工质量情况及演变趋势。

通过开发协同系统平台统一传输协议，打通与各项目质量检测平台接口，实现数据筛选和获取。数字检测基础数据包括试验室（中心、施工、监理）类型、人员数量、持证上岗率、物联网设备配备率等；数字检测动态数据包括砂石、沥青等大宗原材，混凝土、混合料等成品材料性能，路基路面、桥涵构件等实体力学数据。此外，结合既有江苏省交通工程建设局试验检测数据中心，对项目原材料生产及工程实体检测预警信息进行实时关联。

数字质量模块通过搭建江苏省项目区位地图，动态展示各项目检测数据信息。结合江苏省综合交通执法局、江苏省交通工程建设局等主管部门飞行检查情况，统计全省项目按年度飞行检查检测数量及合格率、按年度试验检测数量及合格率；按照单位工程类型，展示江苏省项目路面工程、隧道工程、桥梁工程的施工质量状况；统计在线试验室数量及分布，按年度展示备案检测人员履约情况、物联网检测覆盖率等信息。

引入数字检测指数的概念，通过获取项目各类检测数据，并基于定量公式计算，综合分析检测指数排名，评价项目检测效率及管理深度。该指数影响因素包括项目年度飞行检查合格率、项目试验检测合格率、人员设备在线率、物联网检测覆盖率等。此外，依据各项目检测指数综合计算，获得协同系统平台整体检测指数值，评估江苏省交通工程建设局所辖项目质量检测管理水平。

8.5.2.5 数字施工模块

数字施工模块用于展示江苏省交通工程建设局项目施工机械状态、装配施工流程、工艺工序预警等方面的内容，基于施工数据监测，实时反映项目整体施工状态。

通过开发协同系统平台统一传输协议，连接各项目施工工序专项监测平台及设备接口，同时联动既有江苏省交通工程建设局沥青路面数据中心、桥梁数据中心，实时获取路面、桥梁、隧道动态施工数据等。路面施工收集沥青生产、沥青运输、沥青混凝土拌和、沥青混凝土运输、施工机械基本信息、施工机械施工过程数据等。桥梁装配收集预制构件生产信息、装配位置时间、设备运行姿态数据等。隧道盾构施工收集管片构件生产信息、盾构机掘进拼装数据、工序质量预警等。

通过搭建江苏省项目数字施工地图,对路面、桥梁、隧道施工进行精确划分,分类展示路面施工工艺及机械状态统计数据、桥梁装配施工质量控制及工序流程数据、隧道掘进开挖及构件拼装姿态动态数据。同时,设置异常数据分析预警模块,对施工异常数据进行信息提示及处置流程展示,实现江苏省全省项目数字施工的在线监管。

引入数字施工指数概念,基于收集数据定量计算施工指数,通过协同系统平台,可以直观查看整体当前各项目施工节点、整体施工进度、数字施工评价。在数字施工地图中,选中具体项目,可以进一步查看施工类型的明细数据。此外,基于项目级数字施工指数排名,综合测算全省指数值,反映当前全省数字施工情况。图 8-74 所示为数字施工模块界面。

图 8-74　数字施工模块界面

8.5.2.6　数字建造模块

数字建造模块用于展示江苏省交通工程建设局在建项目建造及进度情况、生产质量、备货情况等方面内容,围绕"推行工业建造,提高数字建造水平"理念,通过建造期生产各节点的数据为后续施工养护提供基础数据支撑。

本模块收集数据主要来源于智慧梁厂、智慧管片生产厂、钢筋加工厂、智慧拌和生产、钢箱梁智能建造、智能涂装等智能建造厂区。需要采集数据分为静态数据和动态数据,静态数据主要包含厂区信息(种类、数量)、各厂区各种类型构件的生产计划、各厂区视频数据等,动态数据主要包含实时生产数据(生产进度、物料消耗)、各环节异常数据、异常数据处理闭环数据、原料进场数据、原材料及构件试验数据。此外,还整合了桥梁数据中心和质量数据中心的数据。

模块首页展示分析内容主要基于收集数据,主要展示内容为数字建造指数、建造概况、建造进度、问题处理、质量问题分析等。模块首页还提供了建造进度数据,可以查看整体在建项目对应的建造进度,也可以追溯各个厂区的生产量和生产进度,还可以横向比较生产效率。此外,展示了检测数据的合格率、检测数据的异常率以及异常数据闭合处理效率,还实时提示厂区备货情况,保证了后期生产的连续性。

数字建造模块引进智能建造生产综合指数概念,通过指数可以确定各个项目在智能建造方面的水平。指数按照月度汇总,汇集了本月生产进度、智能建造生产量环比、检测关键指标异常率(拌和、张拉、压浆、激光点云扫描、钢筋加工、振捣、养护等指标)、预警处置率、预警处置平均时间、物料备货量(根据构件生产消耗推算备货对应的生产量)、原材检测合格率等影响因子,引入定量公式计算得出指数数据,科学判断智能建造水平高低。数字建造模块还展示了江苏省交通工程建设局全局各项目相关指数近几个月的波动情况和各项目指数排名。图 8-75 所示为数字建造模块界面。

图 8-75　数字建造模块界面

8.5.2.7 数字监测模块

数字监测模块用于展示江苏省交通工程建设局项目工程实体力学状态、施工姿态、破坏预警等方面的内容，基于施工状态数据监测，实时反映主体构筑物安全性、可靠性，同时围绕"建养一体化"发展理念，通过保留施工期数据及预留监测元件，为运行期养护决策提供基础数据支撑。

通过开发协同系统平台统一传输协议，实现与项目终端监测平台或前场监测设备软件的连接，实现监测数据筛选和获取。针对不同工程类型，开展公路软基监测、隧道监控量测、中小桥梁轻量化监测、特大桥监测等。实时采集软土地基沉降位移量、隧道地表沉降及围岩应力、中小桥关键部位应力应变、特大桥锚碇沉井沉降位移、下部结构应变状态、上部结构线形控制、缆索受力状况等姿态数据。

数字监测模块通过搭建江苏省项目区位地图，动态展示各工程实体监测数据信息。通过展示各项目建设类型、在线监测设备等基础信息，直观反映江苏省全省数字监测状态。通过监测预警信息分类、预警处置闭合等信息展示，实时掌握项目监测预警处理状态。此外，通过统计不同类型工程的各项预警信息，以及全省项目监测预警次数发展趋势，分析预测项目实体状态，侧面反映当前阶段项目建设监管水平。

引入数字监测指数概念，基于定量公式计算，综合分析监测健康指数排名，生成健康指数地图，在地图上以热力图形式展示各个项目的监测状况，反映项目实体健康状态和施工监管水平。该指数影响因素涉及监测预警次数、预警处置闭合次数等。此外，通过各项目监测健康指数综合计算，获得协同系统平台监测健康指数值，评估江苏省交通工程建设局所辖工程实体整体健康水平。图 8-76 所示为数字监测模块界面。

8.5.2.8 数字"双碳"模块

数字"双碳"模块用于展示江苏省交通工程建设局在建项目工程绿色环保建设状况，从绿色实时监测、绿色费用分析、网格化管理、碳排放管理、施工豁免等方面的内容评价分析绿色建设水平。

通过开发协同系统平台统一传输协议，实现数字交建协同系统平台与项目环保模块以及省级绿色环保中心数据的连接。数字"双碳"模块需要获取的静态数据包括绿色危险源数据(可录入、导入、接口获取)、绿色监测设备分布、各级网格数据列表(可录入、导入、接口获取)、绿色费用投入。需要实时获取的数据主要是绿色监测设备阶段性中介数据、厂区碳排放阶段性数据。

图 8-76　数字监测模块界面

基于模块数据,可以分析得出施工豁免、监测覆盖、碳排放量,平台主要展示了各项目施工豁免率、环境数据监测覆盖率、网格优良率、施工碳排放情况(与定额排放量进行对比)。

数字"双碳"模块在各类型影响因子的基础上引入定量计算公式,生成绿色施工指数,综合评价各个项目在绿色施工方面的水平。此外,还可以查看各项目绿色经费使用情况及占比、各项目施工豁免情况、碳排放监测及分析决策。图 8-77 所示为数字"双碳"模块界面。

8.5.2.9　数字协同模块

数字协同模块主要包含数字资产、新一代高速公路管理、交通感知管理、智慧养护。数字协同模块做好数据整理归纳工作,作为建设期数据中心,为未来车路协同感知、未来高速公路探索、未来智慧养护提供基础数据支撑。数字协同模块在构建项目信息时包含了数字资产的管理,该项数据可以通过 BIM 孪生来实现。图 8-78 所示为数字协同模块界面。

图 8-77　数字"双碳"模块界面

图 8-78　数字协同模块界面

8.6 重大智能建造装备

8.6.1 大直径国产化盾构机

海太长江隧道项目集成超长距离(9.315km)、特大直径(开挖直径超 16.5m)、超高水压(0.75MPa)、复杂工况等特点,施工难度极大,施工信息化、智能化程度要求极高,对装备要求程度也高。海太长江隧道项目计划采用两线盾构施工,所用盾构机均为国产化盾构机,其中右线盾构机厂家为中国铁建重工集团股份有限公司,左线盾构机厂家为中交天和机械设备制造有限公司。海太长江隧道两线盾构机如图8-79所示。

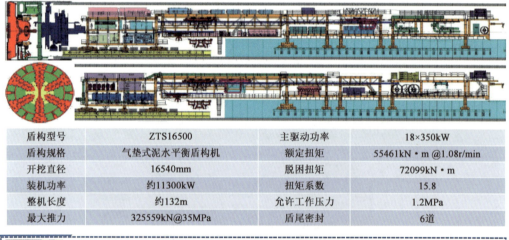

盾构型号	ZTS16500	主驱动功率	18×350kW
盾构规格	气垫式泥水平衡盾构机	额定扭矩	55461kN·m @1.08r/min
开挖直径	16540mm	脱困扭矩	72099kN·m
装机功率	约11300kW	扭矩系数	15.8
整机长度	约132m	允许工作压力	1.2MPa
最大推力	325559kN@35MPa	盾尾密封	6道

盾构规格	φ16.57m泥水平衡盾构机	主驱功率	18×350kW=6300kW
开挖直径	16570mm	额定扭矩	57078kN·m(α=12.2)
整机功率	约11580kW	脱困扭矩	85616kN·m(150%)
整机长度	约150m	整机耐压	1.2MPa
设备推力	311700kN@35MPa/356228kN@40MPa	尾刷数量	6道

图8-79 盾构机展示

盾构机主要由刀盘刀具、主驱动、盾体、推进系统、拼装系统、环流系统、注浆系统、智慧化系统等组成。

(1) 刀盘刀具

针对海太长江隧道项目地质特性,盾构机配置具有常压换刀功能的软土刀盘,由刀盘中心块、6个主臂、6个辅臂组成,开口率达43%,取消中心环筋,保证良好的导渣性。刀盘设计18处磨损监测装置,其中正面6处、锥面6处、背面6处,监测数据传输至主控室,实现部件的实时化、精确化、智能化监控。

本项目盾构掘进为软土地层,但石英含量较高(45%～80%),故配置合金大、硬度高、覆盖广、耐磨强的软土刀,可有效延长刀具寿命、减少换刀次数。配置24套刀具连续磨损检测系统,其中正面刀具监测13处、边缘轨迹刀具监测11处,实现全轨迹刀具状态实时监测,达到刀具性能的全面化、精准化、信息化管理。

(2) 主驱动

选用世界知名品牌罗特艾德整体重载式主轴承,基于DIN/ISO281并采用所给出的载荷谱计算所得名义寿命(B10)约为35800h。

(3) 盾体

根据管片外径、盾尾间隙、水土压力等参数合理设计盾体外形尺寸、结构厚度。

盾尾密封由5道盾尾刷+1道钢板束+1道止浆板组成,设计5×22处油脂注入点位,保证油脂压注的饱满密实,采用单腔单泵控制,保证油脂压注的均匀可靠。为提高盾尾密封效果的可靠性,设计盾尾刷磨损监测系统、盾尾密封腔压力监测系统,根据磨损量及时采取更换措施,根据压力波动及时采取油脂补注措施,实现智能盾尾密封监测实时化、智能化、信息化(图8-80)。

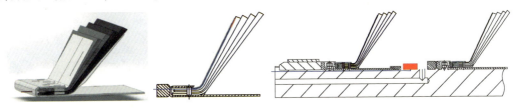

a) 盾尾刷磨损监测系统示意图　　b) 盾尾密封腔压力监测系统示意图

图8-80　盾尾密封监测系统

(4) 推进系统

为保证盾构掘进时推进系统具有足够的推力,可通过增大油缸规格或提高系统压力两种方式实现。经过综合比选,选出的最理想配置为大直径 $\phi 460/340\text{-}3500mm$ 油缸。该油缸采用独立控制电子泵提供变量油压,可实现稳定输出。

(5) 拼装系统

采用倾角传感器技术,控制拼装机旋转角度,具有安装方式灵活、掉电自动记忆角度功能。试验表明,吸盘在80%真空度的情况下,吸附管片安全系数均大于2.5,满足要求。

(6) 环流系统

环流系统通常经历三个阶段。①局部循环:通过P0.2泵从气垫仓底部引浆,又排放至气垫仓内实现局部小循环,避免底部渣土堆积,降低滞排风险。②分层冲刷:设置多路冲刷管路,可实现对气垫仓和开挖仓不同高度位置的分层冲刷,降低仓内积渣、堵管风险。③逆洗掘进:在对开挖仓和气垫仓内进行冲刷的同时,可实现该模式下连续掘进。

(7) 注浆系统

采用第四代同步注浆系统,优化A液/B液混合位置连接方式,可实现拆除检修,提高便利性和可靠性。配置壁后注浆智能监测系统,利用探测雷达扫描,实现壁后注浆图像自动识别,实现对壁后注浆的智能化、精细化控制。

(8) 智慧化系统

在盾构掘进施工过程中,拟采用以下智慧化系统:

①智慧开挖管理系统,该系统通过比对理论开挖体积和实际开挖体积的差值,推断可能存在的欠挖、超挖。

②智能导向系统:采用自动全站仪和激光靶精准测量盾构机的位置和姿态,实时计算盾构机的水平和垂直偏差、掘进里程等,采用数字和图形的方式在主控室进行直观展示。系统角度精度小于或等于±1″,定位精度小于或等于10mm,直线测量大于或等于200m。

③盾尾间隙自动测量系统:采用自主研制的DJCX-05图像识别盾尾间隙测量系统,具有测量响应快、测量精度高等优势,能有效规避施工风险、提高施工效率。

④管片上浮监测系统:该系统具有安装简单、测量精度高等优势,能自动搜寻、测量棱镜,自动比较得出管片上浮量,实现成型隧道质量管理的智能化、自动化(图8-81)。

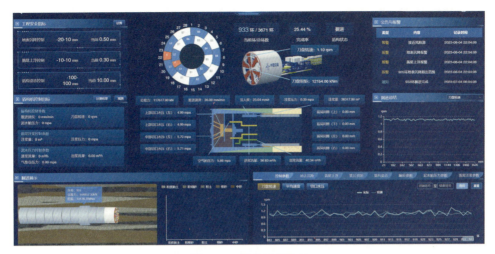

图 8-81　盾构智能施工

8.6.2　钢筋生产设备

在海太长江隧道项目施工过程中,会采用大量种类繁多、尺寸各异的钢筋。为了满足项目对钢筋加工的高标准需求,施工现场需配备多种先进的钢筋生产设备。这些设备能够精准无误地按照设计图纸要求,对钢筋进行快速而准确的切割,从而保证所需钢筋加工的质量与效率,进而提升施工现场的自动化与智能化水平。钢筋设备型号及性能说明见表 8-1。

钢筋设备型号及性能说明　　　　　表 8-1

序号	设备名称	设备型号	性能说明	应用分类
1	智能钢筋弯箍机	WG12E-2	①可用于自动加工各种类型的箍筋、直径为 6~12mm 的 HRB400 钢筋等; ②具备多任务连续生产功能,图形保存数量可达 500 个;具备图库编辑存储、图形编辑存储等功能; ③采用全闭环控制的高精度伺服驱动系统,钢筋加工长度精度达到 ±1mm	6~12mm 盘条钢筋
2	智能钢筋液压剪切生产线	GJW1240	①可用于直径为 12~40mm 棒材钢筋的大批量剪切; ②可通过触摸屏设置所需钢筋直径、长度、加工根数、翻料方向等; ③采用液压式剪切技术,可一次性剪切 10 根直径为 32mm 的钢筋,具备成品钢筋自动化分类及存储能力	棒材钢筋
3	智能斜面式钢筋弯曲中心	G2W50	①可用于自动化弯曲加工直径为 12~40mm 的 HRB400 钢筋; ②可通过触摸屏对钢筋长度、直径进行编辑,自动完成钢筋加工; ③采用数控伺服控制,加工速度快,精度准确	棒材钢筋
4	智能钢筋剪切生产线	XQ120	①可用于多规格小批量剪切加工直径为 12~40mm 的棒材钢筋; ②可通过触摸屏设置所需钢筋直径、长度、加工根数、翻料方向等; ③可一次性剪切 4 根直径为 20mm 的钢筋,具备成品钢筋自动化分类及存储能力; ④包含弯曲中心联动上料机构,提高设备周转效率	

续上表

序号	设备名称	设备型号	性能说明	应用分类
5	智能立式钢筋弯曲中心	G2L32E-5B	①可用于自动化弯曲加工直径为 12~32mm 的 HRB400 钢筋； ②可通过触摸屏对钢筋长度、直径进行编辑，自动完成钢筋加工； ③采用数控伺服控制，加工速度快，精度高； ④配备链条输送功能，上料省力	棒材钢筋
6	智能钢筋锯切套丝生产线	JQTS600-4TAM	①可用于自动锯切、套丝及打磨直径 40mm 以下的钢筋，形成自动化加工流水线； ②单班加工能力可达 1500 个螺纹丝头； ③可通过触摸屏对钢筋长度、直径进行编辑，自动完成钢筋加工	
7	智能钢筋锯切套丝生产线	JQTS400-2TAM	①可用于自动锯切、套丝及打磨直径 40mm 以下的钢筋，形成自动化加工流水线； ②单班加工能力可达 800 个螺纹丝头； ③可通过触摸屏对钢筋长度、直径进行编辑，自动完成钢筋加工	
8	MES 信息化管理系统	TJK-MES3.0	①钢筋加工生产管理系统，具备从原材料入库、生产数据交互、成品出入库，到车辆运输全流程的管理及单据的自动生成功能； ②配套标签打印机及服务器等硬件设施； ③管理系统与车间各摄像头连接，可实时显示生产的状况； ④具备数据线上传输及生产数据的统计等功能	软件管理

图 8-82、图 8-83 是现场钢筋设备图展示。

图 8-82　钢筋弯曲中心

图 8-83　智能钢筋液压剪切生产线及锯切套丝生产线

8.6.3 管片厂视觉识别装备

建立管片智能化质量监测系统,并采用 AI 智能识别技术、信息化通信技术和物联网技术,实现质量控制点布置、远程质检辅助、关键工序图像抓拍、AI 自动鉴定、静停养护区温湿度自动控制、喷淋养护自动控制、水养池 pH 值自动控制、缺陷数据分析、构件身份识别、质量全过程追溯、报验文本自动创建、试验任务管理、配合比管理等多项功能,全过程、全方面保障管片生产质量。

作为现代工程质量监控的一项创新技术,钢筋笼 AI 检测正逐步引领行业向智能化、高效化方向迈进。该技术利用先进的人工智能算法与高清成像技术,能够非接触式、高精度地检测钢筋笼的焊接质量、间距分布、直径尺寸及笼体形态等关键参数,确保施工过程中的每一环节都符合设计要求与安全标准。通过自动化分析处理海量数据,AI 检测不仅大幅提升了检测效率与准确性,还显著降低了人为错误与安全隐患,为工程结构的稳固与安全奠定了坚实的技术基础。图 8-84 所示为钢筋笼 AI 检测。

图 8-84 钢筋笼 AI 检测

管片外观 AI 检测(图 8-85)是隧道建设及地铁工程中一项前沿的质量监控技术。该技术融合了先进的人工智能图像识别与深度学习算法,能够对隧道管片的表面裂纹、缺损、污渍、色差等外观缺陷进行快速、精准的识别与评估。相比传统的人工检测方法,AI 检测不仅大幅提高了检测效率,减少了人力成本,还显著增强了检测的全面性和准确性,确保了隧道管片安装前质量达标,为隧道工程的长期安全运营提供了强有力的技术保障。

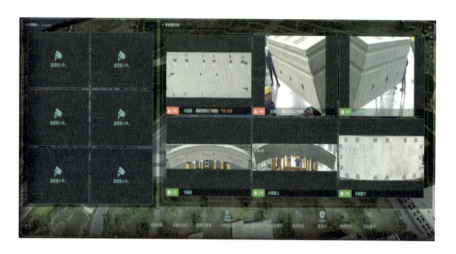

图 8-85　管片外观 AI 检测

8.6.4　无人电动装载机

张靖皋长江大桥项目联合设备厂家,研制落地世界首创无人电动装载机(图 8-86)。集成集群调度算法、物料状态精细化感知、多装载机自主导航协同作业等关键技术,打通与混凝土 MES 之间的数据共享,实时获取浇筑令信息,打造基于自动驾驶及智能调度的全自动上料系统,通过 BIM + 虚拟建造构建孪生工厂,实现"实体车间—虚拟车间"的实时映射。图 8-87 所示为无人电动装载机调度系统。

图 8-86　无人电动装载机

图 8-87　无人电动装载机调度系统

8.6.5　桥面板单元智能制造设备

针对常泰长江大桥项目钢桁梁桥面板智能制造,采用或研发了多种先进设备,包括 U 肋激光清洗机、板单元面板自动除尘打磨机、板单元自动组装机、板单元焊接机器人、板单元数控机械矫正机等。

(1) U 肋激光清洗机(图 8-88)

为了彻底清除 U 肋在组装前待焊接区域的铁锈、油污、底漆等有害物,研发了 U 肋自动上料及底漆激光清洗系统。激光清洗设备在钢桥梁行业内属于首次使用,填补了国内桥梁行业相关技术空白。激光清洗设备可自动为激光清洗机装卸 U 肋,且 U 肋激光清洗设备可一次性将 U 肋一肢的内外两侧待焊边 30mm 区域内的车间底漆等清洗干净,有助于提升 U 肋板单元的焊接质量。

(2) 板单元面板自动除尘打磨机

为了保证板单元焊接质量,提高打磨效率,降低打磨噪声,研发了多头式面板自动除尘打磨机。相比于人工打磨,多头式面板自动除尘打磨机具有效率高、打磨范围固定、打磨质量稳定等优点;采用全封闭式除尘系统,可有效防止打磨灰尘外泄,保证除尘效果。图 8-89 所示为板单元面板自动除尘打磨机。

图 8-88　U 肋激光清洗机

图 8-89　打磨机机组

（3）板单元自动组装机

定位焊缝是焊缝整体质量薄弱环节,采用机器人定位焊系统,并利用实心焊丝富氩气体保护焊工艺,有效避免了手工定位焊质量不易控制的情况,提高了焊缝质量稳定性。采用点激光传感方式进行焊接寻位,自动寻找合适的起弧点,焊枪摆动焊接。电弧传感焊缝跟踪技术可以保证焊接精度。

（4）板单元焊接机器人

由于 U 肋焊缝较长,传统人工焊接难以达到要求,需要采用半自动或自动化设备进行焊接。主要采用的焊接设备有半自动焊接小车、门式多嘴头焊接专机、带有电弧跟踪的机器人（图 8-90）、带有激光跟踪的机器人（图 8-91）、液压传动反变形胎架等。

图 8-90　带有电弧跟踪的机器人

图 8-91　带有激光跟踪的机器人

（5）板单元数控机械矫正机

以钢梁正交异性板 U 肋桥面板板单元焊接变形矫平方法为研究对象,利用理论分析与软件模拟相结合的方式对板单元焊接变形矫正方法进行了研究,研发了新颖的板单元变形辊式矫正方法,以改善传统火焰矫正工作效率低、成型质量差、工作环境恶劣、能耗较大、污染环境的缺点。图 8-92 所示为矫正受力位置图。

图 8-92　矫正受力位置图

8.6.6　焊接机器人

常泰长江大桥项目针对桥面板焊接,研发了公铁同层荷载非对称箱形桥面块体智能组焊工艺方法。该智能组焊工艺方法通过采用智能焊接管理系统对桥面板块体智能焊接信息进行采集,对智能化便携焊接小车施焊、检验等焊接信息进行集成汇总,生成自动焊接工艺条件,控制焊接过程稳定。

面对桥面板块体间对接焊缝(尤其纵向对接焊缝)长度较长、自动化焊接程度低、焊接接头较多、焊缝外观质量差等问题,以及块体内部多为熔深及熔透角焊缝、劳动强度大、焊接难度大、对操作人员技能水平要求高等现象,研发了轨道式智能焊接系统 ER-100(图 8-93)焊接桥面板块体间对接焊缝及众多角焊缝。

图 8-93　ER-100 智能焊接系统

ER-100智能焊接系统的高压接触传感能够自动检测获取坡口信息功能,收集V形、单边V形等焊缝坡口检测时机器人的状态以及需要的尺寸,并且分析测量后得到设备的运行能力和可行走能力。机器人具有断电位置保持功能,断电后位置不丢失,内部采用丝杆导轨的传动方式,运行稳定精度高,通过机头部摇动,可使焊缝端部无盲区,提高焊接效率与焊缝质量。

8.6.7 钢结构生产装备

针对常泰长江大桥项目钢结构生产,尤其是板材结构,采用了板材数字化下料切割生产线。该生产线通过板材切割下料管理系统与车间制造执行智能管控系统融合,由数控切割机、智能套料软件、工业物联网(inIoT)等系统构成。该生产线具备自动套料、写号划线、自动切割、实时在线报工和数据汇总等功能,并可实现数控切割机联网管控,主要功能包括切割设备运行状态监控、人员作业任务管控、工时物量统计分析、相关电子看板以及报表打印等。

主要切割下料的硬件设备包括空气等离子数控切割机、数控火焰切割机,其轨距均为6m,可以满足切割厚度为150mm以下各种形状的零件切割下料,实现自动划线、写号功能,消除人为因素对划线、写号准确度和精度的影响。其中,空气等离子数控切割机具有切割精度高、切割面质量好、切割工效高以及可有效控制薄板切割变形等优点。

程序编程切割零件如图8-94所示。

图8-94 程序编程切割零件

8.6.8 沉井施工设备

为了更好地进行沉井施工,保证现场沉井施工质量与安全,常泰长江大桥项目组在空气吸泥的基础上,研发了自动化气举取土设备和门式起重机集群控制系统。该系统主要由集中控制室、门式起重机和空气吸泥机组成,实现了吸泥口高程自动调整(泥水混合物浓度最优、取土深度精确控制)、沿预设路径自动移位(自动化作业)、泥面高程快速测量(泥面可测)、多台设备集群控制(远程控制)等功能。图8-95所示为门式起重机集群控制。

图8-95 门式起重机集群控制

此外,研制了沉井盲区取土专用装备——履带式绞吸机器人(图8-96),可远程控制履带起重机行进和液压支臂旋转、伸缩,并进行井孔内及盲区土体掘削工作,实现深水环境自动探测、远程控制取土。而对刃脚下取土盲区,则研发了一种适用于深水多井孔沉井基础的机械臂水下定点取土机器人(图8-97),该设备由上部平台和水下机器人本体组成,能够精准进行取土。

图8-96 履带式绞吸机器人

图8-97 机械臂水下定点取土机器人

8.6.9 钢桁梁吊装设备

为了应对悬拼梁段吊装,常泰长江大桥项目共投入 2 台 1800t 桥面起重机(图 8-98)进行主塔两侧对称悬臂拼装。桥面起重机由承重主桁架、前支点装置、后锚固装置、提升系统、纵向调位装置、行走机构、吊具以及操作平台等组成。在完成梁段调位、连接后,桥面起重机向前行走并挂设斜拉索[其中 1~14 号索挂索工艺为桥面起重机走行 28m、挂两层斜拉索;15~38 号索挂索工艺为桥面起重机每次走行 1 个节间(14m),利用桥面起重机辅助挂索;39 号索待主桥合龙后挂设]。

图 8-98 1800t 桥面起重机

8.6.10 钢塔节段拼装塔式起重机设备

常泰长江大桥项目采用 XGT15000-600S 超大型塔式起重机进行钢塔节段拼装,该起重机具有主动防碰撞、钢丝绳磨损检测和变频回转等智能化功能。塔柱在钢壳厂内制作、预拼装验收合格后,船运至现场,采用大型塔式起重机吊装,精确定位后将相邻节段焊接牢固,绑扎钢筋,浇筑核心混凝土。每层塔柱节段安装顺序为先中间后两边。

同时,针对超大型塔式起重机结构复杂、运行精细度要求高等特点,以及更加高效、更加安全的主塔施工作业要求,进行了大型塔式起重机的数智化升级,保障每一次吊装都安全受控。建立塔式起重机 BIM 模型和各种工况场景三维模型,融合塔式起重机监控系统、智能吊装辅助控制系统、结构健康监测系统等相关数据,进行动态可视化展示,为大型塔式起重机运维监管提供集成管控数字孪生平台(图8-99)。

图8-99　大型塔式起重机

第 9 章
CHAPTER 09

展望

江苏省交通工程建设局立足江苏省当前新建高速公路、改扩建高速公路和过江通道项目建设管理效能与品质提升的要求，在吸纳全国同行先进智能建造技术的基础上，结合江苏省特征进行了归纳、总结、创新与实践，逐步形成了多场景的新时期高速公路智能建造技术成果。综合来看，当前江苏省不同类型高速公路项目基本可实现高速公路智能建造 1.0~3.0 的阶段目标，但距智能建造最终目标还有很长的路要走。展望未来，江苏省高速公路智能建造仍需在以下几个方面做进一步努力。

一是进一步强化夯实标准化数字化设计底座。数字设计是智能建造的先决条件，当前江苏数字设计仍处在初期发展阶段，数字设计方法、设计标准等还有欠缺，下一步要强化标准化数字化设计方法、开发国产化数字化设计工具，出台数字设计标准规范，兼容全生命周期数字化管理需求，彻底实现"一模到底"，打造数字设计底座。

二是进一步加大人工智能技术的研发与应用。高速公路智能建造 4.0 目标是要实现全要素全领域的无人化与自动化，这依赖于视觉、控制、AI、北斗卫星导航系统、芯片等信息化技术，而当前阶段针对交通运输领域来说，相关匹配性应用技术的研发力度有待提升，需要面向交通场景持续开发与应用。

三是进一步加强智能建造大模型数据价值挖掘。数据价值是促进智能建造提升工程建设管理本质的重要因素。目前各项目已经初步形成了全要素的数据采集能力，但是当前阶段，对各个环节的大数据分析能力有待进一步提升，并结合全链条、全口径、全要素数据特征，构建智能建造大模型，从本质上促进智能建造深入发展。

四是进一步加快智能建造技术标准体系编制。当前，我国高速公路建设仍处于高速发展期，全国各省（自治区、直辖市）同行都在积极努力探索智能建造技术，智能建造技术也处于百花齐放的发展阶段。进一步推动智能建造技术的发展，对标准体系的需求尤为迫切，因此亟须通过国家、行业、地方、团体标准来规范智能建造技术，推进先进智能建造技术的发展、推广与应用。

当前，智能建造大多立足于建设者和管理者视角，以信息化、数字化手段提升项目规划、设计、施工阶段的效率和质量以及运营期管理效能为主要出发点进行的技术应用与场景建设，但仍存在智慧建造技术核心底层创新不足、建管未深度融合、用户体验感不强、数据挖掘应用不充分等不足，不能完全适应新时期智慧高速公路建设发展长期演进、持续迭代的要求。此外,项目建设过程中不同层级管理、建设单位以及不同类别参与者在对智能建造需求方面,以及信息的颗粒度和处理方式、信息发布渠道等多方面存在差异,导致建设参与各方体验感、获得感不强。面对新时期的发展态势,如何适应未来发展需求,高速公路智能建造仍需继续深入探索。

  在科技强国、交通强国等国家战略和我国高水平科技自立自强的形势下,高速公路智能建造迎来了重要的发展机遇。江苏高速公路建设管理、设计、施工、研发等广大同行,迫切期望与全国同行共同构筑智能建造技术交流、合作研发、推广普及的平台,共同促进智能建造技术的发展,全力支撑加快建设交通强国目标的实现!